本书由以下项目支持：

教育部示范马克思主义学院和优秀教学科研团队建设项目"行业类（石油）高校思想政治理论课建设研究"（16JDSZK038）、四川省社科规划项目"基于系统论的高校基层党组织组织力提升研究"（SC21B161）、四川省高等教育人才培养质量和教学改革项目"高校党建在大学生创新创业教育中引领实践与探索"（JG2021—571）。

张凤 冷帅
刘泰越 罗昌龙 ◎ 著

高校基层党组织
组织力提升探索与实践

四川大学出版社
SICHUAN UNIVERSITY PRESS

图书在版编目（CIP）数据

高校基层党组织组织力提升探索与实践 / 张凤等著.
成都：四川大学出版社，2024.11. -- ISBN 978-7
-5690-7363-8

Ⅰ．D267.6

中国国家版本馆 CIP 数据核字第 2024EY3818 号

书　　名：	高校基层党组织组织力提升探索与实践
	Gaoxiao Jiceng Dangzuzhi Zuzhili Tisheng Tansuo yu Shijian
著　　者：	张　凤　冷　帅　刘泰越　罗昌龙

选题策划：杨　果
责任编辑：陈克坚
责任校对：杨　果
装帧设计：裴菊红
责任印制：李金兰

出版发行：四川大学出版社有限责任公司
　　　　　地址：成都市一环路南一段24号（610065）
　　　　　电话：（028）85408311（发行部）、85400276（总编室）
　　　　　电子邮箱：scupress@vip.163.com
　　　　　网址：https://press.scu.edu.cn
印前制作：四川胜翔数码印务设计有限公司
印刷装订：成都金阳印务有限责任公司

成品尺寸：170 mm×240 mm
印　　张：11.5
字　　数：211千字

扫码获取数字资源

版　　次：2024年11月 第1版
印　　次：2024年11月 第1次印刷
定　　价：57.00元

四川大学出版社
微信公众号

本社图书如有印装质量问题，请联系发行部调换

版权所有 ◆ 侵权必究

前　言

在中国特色社会主义进入新时代和加快建设教育强国的历史背景下，高等教育系统党的建设面临着前所未有的机遇与挑战。如何更好地提升高校基层党组织的组织力，已成为摆在我们面前的一项重要课题。《高校基层党组织组织力提升探索与实践》一书，正是在这样的时代背景下，试图对这一问题进行系统的探讨和实践总结。

本书基于团队多年来在高校党建领域的研究和实践经验，围绕如何提升高校基层党组织组织力进行了全面而深入的分析。书中不仅梳理了组织力提升的理论基础和实践路径，而且通过丰富的案例，展示了不同高校党建工作的创新与实践。

本书共分为七章。第一章为高校基层党组织组织力概述，作为本书的开篇，对高校基层党组织组织力的内涵进行解释，强调新时代高校基层党组织应以提升组织力为重点，并总结全面提升高校基层党组织组织力的重要意义。第二章至第七章以在新时代背景下如何提升高校基层党组织"六大力量"——政治领导力、组织覆盖力、群众凝聚力、社会号召力、发展推动力、自我革新力为核心进行探讨，旨在提供一个多角度、全方位的理论框架和实践指南，使高校基层党组织建设适应新时代的发展要求，高校党委管党治党责任意识得到新提升，办学治校育人成效取得新突破，服务经济社会发展作出新贡献。

我们希望，本书能够为高校基层党组织的建设提供有价值的参考和启示，同时也期待能够激发更多学者和实践者对于高校党建工作的研究兴趣和热情，夯实发展新质生产力组织根基，构筑支撑新质生产力发展的坚实底座，共同推进我国高等教育事业繁荣发展。

著　者

2024 年 7 月

目 录

第一章 高校基层党组织组织力概述 (1)
第一节 高校基层党组织组织力的内涵 (1)
第二节 新时代高校基层党组织要以提升组织力为重点 (8)
第三节 全面提升高校基层党组织组织力的重要意义 (14)

第二章 提升高校基层党组织政治领导力,始终坚持社会主义办学方向 (23)
第一节 高校基层党组织政治领导力的内容建构 (23)
第二节 坚持党对高等教育事业的全面领导 (26)
第三节 加强和改进高校思想政治工作 (31)
第四节 健全高校办学治校体制机制 (40)
第五节 牢牢掌握高校意识形态领域领导权 (42)

第三章 提升高校基层党组织组织覆盖力,打造坚强有力的基层战斗堡垒 (48)
第一节 构建科学完备的组织体系 (48)
第二节 选优配强"双带头人"支部书记 (57)
第三节 激发党支部组织活力 (64)

第四章 提升高校基层党组织群众凝聚力,筑牢以人民为中心的发展思想 (71)
第一节 强化群众立场和群众观点 (71)
第二节 完善联系服务师生工作制度 (79)
第三节 严格执行群众纪律 (87)

第五章　提升高校基层党组织社会号召力，加快推进大学治理体系现代化 …………………………………………………………（96）

第一节　增强党组织引领作用………………………………（96）

第二节　践行社会主义核心价值观…………………………（104）

第三节　构建现代大学民主制度……………………………（111）

第六章　提升高校基层党组织发展推动力，以高质量党建引领高质量发展 ……………………………………………………………（118）

第一节　坚持立德树人根本任务……………………………（118）

第二节　发挥服务社会的支撑作用…………………………（126）

第三节　加快推进"双一流"建设…………………………（135）

第七章　提升高校基层党组织自我革新力，抓好基层党建"最后一公里" ……………………………………………………………（144）

第一节　全面提高党员队伍素质……………………………（144）

第二节　严肃党的组织生活…………………………………（152）

第三节　创新基层党建工作机制……………………………（160）

主要参考文献 ……………………………………………………（169）

后　记 ……………………………………………………………（173）

第一章　高校基层党组织组织力概述

第一节　高校基层党组织组织力的内涵

一、基层党组织的结构与体系

组织一词，从现代管理学角度来说，指既具有明确的目标导向、精心设计的结构和有意识协调的活动系统，又保持着与外部环境密切联系的这样一个社会实体。如今，它既在党政、工会、企业、社会等多领域有着广泛的应用研究，又因不同领域的不同目标、形式编制被赋予更多的内涵。在绵延数千年的中华传统文化中，先贤们也早已提出过关于组织内涵的论断。"仰则观象于天，俯则观法于地。"① 在中华文明发展史中，我国先祖创造性地以整体、组织的视角来观察世界，从组织结构生成机制来看，逐步构建了以《周礼》《尚书·尧典》为基础，贯穿了《仪礼》《礼记》，与刑相连接的组织结构体系。从组织结构传导机制来看，"仁义礼智信"和典刑制度在我国古代被用于感化和约束人的行为，促进组织结构正常有效运行。历史的车轮不断前进，随着马克思主义思想传入中国，一股新的力量扎根中华大地，不断焕发新的生机和强大生命力。如今，在中国共产党的领导下，各级组织结构愈加科学，组织体系愈加严密，中国特色社会主义事业也正处于高速高质量发展的关键时期。

无产阶级政党初创于 19 世纪 40 年代，马克思、恩格斯的理论也诞生于这个时期。马克思主义经典作家尽管没有对"基层党组织"和"组织力"作过直接表述，但后世学者通过探寻和挖掘其理论宝库，发现其相关论述对于组织力

---

① 罗安宪主编：《周易》，人民出版社，2017 年，第 206 页。

的建设仍具有"原始性启发"的重大价值,其中闪耀的思想光芒仍难以被掩盖。1847年,通过对无产阶级政党建立的艰辛探索,马克思、恩格斯创建了历史上第一个完全意义上的无产阶级政党——共产主义者同盟,他们高度重视完善党的组织架构,指出同盟支部就是党的"基层党组织",要建立自下而上的组织系统,并积极开展对基层党组织建设的理论研究和实践探索。19 世纪 90 年代,列宁将布尔什维克党的创建与俄国十月革命的实践经验相结合,更加深入地探讨了基层党组织建设的观点与方法,进一步完善、丰富和发展了党的建设理论。

以俄国十月革命胜利为重要契机,马克思主义经典理论传播到战火纷飞的中华大地,以陈独秀、李大钊为代表的进步知识分子发起新文化思想启蒙运动。中国共产党第一次全国代表大会于 1921 年 7 月在上海召开,标志着一个即将改变亿万国民前途命运的政党正式成立。中共一大明确指出了吸纳党员的标准与程度,提出要建构党的组织体系,要求凡是有党员五人以上时必须成立委员会。到了中共二大,第一部《中国共产党章程》正式诞生,将"组织"单列一章阐述,初步确立了五级党组织体系。中共三大通过了《中国共产党第一次修正章程》,其中规定凡有党员五人至十人均得成立一个小组。中共四大通过修订党章,把党小组升格为党支部,地方党支部升格为地方执行委员会,进而形成四级党的基层组织体系。中国共产党作为一个政治组织,从初期的创建学习,到不同历史时期独具特色的组织体系与框架,再到现如今的变革改造和系统引领,其组织内涵与体系结构逐步呈现出极具规律性的组织特性。如今,中国共产党的组织体系已经得到十分成熟的发展和更加明确的定位,从层级上主要分为党的中央组织、地方组织和基层组织三级,有力地促进了党的执政规律与执政实践共同进步。

二、组织力概念及实践的发展与演进

组织力的概念,最早产生和运用于管理学学科,其简而言之就是一种合力,能够组织起来的能力,是组织力量的来源。基于不同的理论与实践方式,尽管在理解和运用组织理论上还存在着诸多分歧,但这并未影响组织力基本概念的形成与发展,同时也为中国共产党基层组织的组织力建设与研究提供了重要参考。正是其中积极的借鉴意义,可以帮助我们把组织力的基本概念阐述为:组织团体在特定的社会历史条件下,根据特定的对象、职能、目标与任务,利用组织特征间的相互关联,在实施管理、服务、整合、执行等过程中凸显出来的组织与凝聚的综合能力。

尽管在党建领域，将组织力作为研究对象出现的时间较晚，但到了近现代，组织力内涵的科学运用在政党建设中十分广泛。"全世界无产者，联合起来！"①马克思、恩格斯非常重视组织工人，在《共产党宣言》中如此旗帜鲜明地号召。在革命斗争的实践中，他们把工人阶级与受压迫群众有效地组织起来，把分散的力量凝聚成统一的力量，把自发的力量转变成自觉的力量，把无产阶级由自在阶级转为自为阶级，为实现人民解放和完成历史使命，形成政党进行革命斗争。革命力量在经过这些组织后也得到了倍增，正如恩格斯所言，"无产阶级自从组织起独立的工人政党时起，就逐渐成为一种力量"②。

加强基层党组织建设，"要以提升组织力为重点，突出政治功能"③。尽管"组织力"是在党的十九大报告中才被正式提出的新要求，但其实质在中国共产党长期的组织建设和政治建设中，始终被高度重视并将优良基因传承至今。在革命战争年代，团结群众取得革命胜利成为组织力的重心。1929年4月，毛泽东在《红军第四军前委给中央的信》中首次提到了"党的战斗力组织力"④的概念，以巩固党的无产阶级基础。1943年11月，毛泽东以《组织起来》为题发表重要讲话，强调要把各个方面一切的力量都动员起来⑤。经过这一时期的努力，党员规模在不断地扩大，在深入推进土地改革运动中，党的组织壮大和发展已然成为巩固和发展土改成果的重要环节。

在社会主义改造与建设时期，组织群众进行生产建设成为组织力的重心。新中国成立后，中国共产党为了加快实现对中国社会的全面再造和整合，在工厂、铁路、农村、学校、机关以及军队连队中纷纷建立党组织，结合分布广泛的基层党组织建立起具有高度动员能力的国家体系。刘少奇在第一次全国组织工作会议上充分阐释了党的组织建设对国家建设的全面作用和影响，认为广泛密切联系群众具有重要作用："我们的党不只在上层，在各方面领导着我们的国家和各种事业；而且在下层，在各种工厂中、矿山中、农村中、机关和学校中、部队的连队中密切地联系着广大的人民群众，和人民群众打成一片，建立

---

① 中共中央马克思恩格斯列宁斯大林著作编译局编译：《共产党宣言》，人民出版社，2018年，第2页。
② 中共中央马克思恩格斯列宁斯大林著作编译局编译：《马克思恩格斯全集（第十六卷）》，人民出版社，1964年，第77页。
③ 习近平著：《决胜全面建成小康社会 夺取新时代中国特色社会主义伟大胜利——在中国共产党第十九次全国代表大会上的报告》，人民出版社，2017年，第65页。
④ 中共中央文献研究室编：《毛泽东文集（第一卷）》，人民出版社，1993年，第54页。
⑤ 毛泽东著：《毛泽东选集（第三卷）》，人民出版社，1991年，第928页。

了血肉相连的关系，因而使我们党具有充分广大的群众性……这就是我们党具有无穷的不可战胜的力量的源泉。这就是我们党能够领导全国人民不断取得胜利的原因。"① 中国共产党通过在社会各个层面、各个领域建立基层党组织，极大限度地调动了人民群众投身生产建设的积极性，为这一时期所取得的成就提供了组织保障。

在改革开放和社会主义现代化建设阶段，增强基层党组织凝聚社会群众、领导现代化建设的能力成为组织力的重心。在持续深入推进改革开放的时代浪潮中，人民公社体制、单位体制、户籍制度受到新的冲击与挑战，一大批"两新组织"和新型社会阶层应运而生、涌现而出，在社会结构的日新月异中原有的基层党组织体系亟待加以调整和完善。为适应形势发展的要求，中共十四届四中全会通过了《中共中央关于加强党的建设几个重大问题的决定》，其围绕新形势下基层党组织建设提出了明确的指导方针："紧紧围绕党的基本路线，用改革的精神研究新情况、解决新问题，严格党内生活，立足于经常性工作。"② 党的十六大又立足于现实，对基层党组织的职能作出新表述："要坚持围绕中心、服务大局，拓宽领域、强化功能，扩大党的工作的覆盖面，不断提高党的基层组织的凝聚力和战斗力。"③ 伴随着先后在基层组织中开展的先进性教育活动和创先争优活动，中国共产党着眼于从组织基础上加强党的先进性与纯洁性建设，注重加强党与群众的联系，进而提高党员队伍的素质和基层党建工作科学化水平。

进入新时代，更需要激活基层党组织的活力与战斗力，将基层党组织建设为坚强战斗堡垒，成为组织力的重心。伴随着经济社会飞速发展等由改革带来的"红利"，诸如基层党组织涣散、基层事务无人管、党员政治意识薄弱等新问题也时有发生。为了重新激活基层党组织的活力，以解决当前社会存在的诸多问题，党需要进一步加强基层党组织建设。在功能上，党的十八大报告提出"加强基层服务型党组织建设"④，寓领导和管理于服务之中，旨在通过服务贴近群众、团结群众、引导群众、赢得群众；党的十九大报告又进一步要求"突

---

① 中共中央文献研究室、中央档案馆编：《建国以来刘少奇文稿（1951年1月—1951年12月）（第三册）》，中央文献出版社，2005年，第178页。
② 参见中共中央文献研究室编：《改革开放三十年重要文献选编（上）》，中央文献出版社，2008年，第786页。
③ 江泽民著：《全面建设小康社会 开创中国特色社会主义事业新局面——在中国共产党第十六次全国代表大会上的报告》，人民出版社，2002年，第53页。
④ 胡锦涛著：《坚定不移沿着中国特色社会主义道路前进 为全面建成小康社会而奋斗——在中国共产党第十八次全国代表大会上的报告》，人民出版社，2012年，第54页。

出政治功能"①，强调基层党组织的本质属性，把严的标准、严的措施、严的纪律落实到基层。在制度上，2017年修订的党章第三十三条内容，则进一步明确完善了农村、街道社区、企业、事业单位、机关等不同领域的基层党组织的职责权限。在此基础上，中共中央相继出台了《中国共产党支部工作条例（试行）》《中国共产党组织工作条例》《中国共产党普通高等学校基层党组织工作条例》，进一步说明和阐述了新时代党支部的组织设置、基本任务、工作机制等，使基层党组织运转的规范化水平得到有效提升。在实践上，以党的群众路线教育实践活动、"三严三实"专题教育、"两学一做"学习教育、"不忘初心、牢记使命"主题教育、党史学习教育、学习贯彻习近平新时代中国特色社会主义思想主题教育为契机，进一步激活基层党组织，增强基层组织力，让各级党组织书记把抓党员队伍建设的意识树起来、责任扛起来，以坚强战斗堡垒的姿态，团结带领人民群众奋力推进中国特色社会主义伟大事业。

三、高校基层党组织组织力的内涵初探

在"新时代"这一特定的时间范围中，"基层党组织组织力"和"高校"这一特定的空间区域综合衍生，形成了新时代高校基层党组织组织力这一新概念。新时代高校基层党组织组织力，就是指根据新时代我国高校特定的社会历史条件与党和人民赋予的时代要求，高校基层党组织在揭高执行力的基础上，利用其自身的政治优势、组织结构和组织资源，通过不断加强自身建设，凝聚、引导、整合和动员党内成员和党外人员，以赢得高校师生认同、支持和追随的力量。因此，可以从以下几个方面的内容，来阐释新时代高校基层党组织组织力的科学内涵与主要特征。

（一）高校基层党组织是统筹主体

高校是本科院校、专门学院和专科院校的统称，与政府机关、"两新"组织和其他事业单位的基层党组织组织力建设在总体思路上大致相同。但在具体路径和建设内容上，高校因其自身的特殊属性和存在目标的不同，特别是高校间也有着不同情况，需要具体分析具体考虑。为提升可操作性，基层党组织就要将高校本身的办学定位、特点差异明确，才能细化为符合自身建设的实际方

---

① 习近平著：《决胜全面建成小康社会 夺取新时代中国特色社会主义伟大胜利——在中国共产党第十九次全国代表大会上的报告》，人民出版社，2017年，第65页。

案。目前，根据管理的隶属关系，我国高校一般可以划分为部属高校、省（区、市）属高校、市（州、区）属高校等；根据高校的办学层次，又可以划分为本科院校、高职（专科）院校等；根据高校的办学体制，还可以划分为公办院校、民办院校、独立学院等。每一类高校的基层党组织在组织力建设上都应加强针对性。本书主要围绕公办大学实际特点展开论述，因为在组织力建设与提升上公办大学理应走在前列，形成良好示范效应与引领，为民办高校和高职院校基层党组织建设积累有益参考借鉴。

（二）新时代我国高校特定的社会历史条件与党和人民赋予的时代要求是组织环境

组织的生存与发展，离不开特定环境带来的影响，一方面就是发展资源与机会的提供，另一方面则是管理约束及限制的给予。组织与环境是相互作用的，任何组织要想汲取环境资源，就只能与周围外在环境互动，要想不断变革自身，就必须接受周围环境的限制和约束。而环境又处于动态变化当中，只有适应好周围的环境变化，利用好环境提供的资源和机会，一个组织才能可持续地生存和发展。由此，高校基层党组织不仅要明确历史定位与时代定位，了解宏观环境与微观环境，清晰积极作用与客观挑战，也要主动适应新时代高等教育的改革发展，回应人民群众的满意期盼，掌握师生员工的思想变化以及应对网络舆情的严峻挑战等，才能有效分析、制定策略、采取行动来适应新环境新变化新挑战，不断提升自身组织力。

（三）执行力是组织基础

从管理学分析，执行力是指贯彻战略意图、落实部署规划的能力，简而言之，执行力就是一种贯彻执行的能力。恩格斯曾经指出："最好的计划，如果执行不力，优柔寡断，也会毫无价值。"[①] 执行力是一个组织的生命力，一旦组织缺乏执行力，整个组织也就丧失了权威性。基层党组织作为贯彻落实上级党组织决策部署的"执行型"组织，其主要职责就在于执行，其重大意义也源于执行。执行力强不强，可以说是衡量一个基层党组织执政能力的重要标志。只有当组织内各环节执行要素相互积极作用而产生合力时，才能有效提升基层党组织的执行力，使之进一步成为提升组织力的现实力量和根本保障，不断把

---

① 中国人民解放军军事科学院编辑：《马克思恩格斯军事文集（第五卷）》，战士出版社，1982年，第 330 页。

基层党组织锻造成为更加坚强有力的战斗堡垒。

（四）组织结构和组织资源是实施载体

由组织结构和组织资源构成的组织网络，是任何政党为成功实现对组织成员和外界社会整合动员的重要依靠和强力支撑，可见，提升组织力是一个相当复杂的系统工程。组织网络的建设得到中国共产党的高度重视，自成立以来，已经形成了相当完备的组织结构体系和组织资源体系，能够充分汇聚、高效整合以各级党组织的广大党员为核心的组织结构合力，有效调动人、财、物等物质资源和党组织权威、民众影响力等非物质资源，展现出了让世界各国都为之震惊的政党组织力。

（五）党内成员和党外人员是作用客体

按照对象范围，组织力可划分为围绕党的组织内部的党内组织力，以及关乎党与社会相互联系的党外组织力。党员是党内组织力的组织对象，不仅包括教师党员、学生党员，也包括离退休党员，而如何发挥好老党员作用来提升基层党组织组织力，也是必须充分考虑的重要环节。党外人员是党外组织力的对象，涵盖民主党派、无党派人士和普通群众，不同群体成员间的思想特征都表现出明显的差异性，在开展相关活动的时候，高校基层党组织也必须考虑到不同群体间存在的差异，更有针对性、更有可行性地采取系列举措来提升组织力。

（六）赢得各界的支持力量是呈现目标

组织力的内涵非常丰富，基层党组织的组织力也不单单是某种单一的能力，而是各种能力有机融合、有效发挥而成的合力。在这样一个复杂的动态系统，通常描述高校基层党组织组织力是由高校基层党组织的政治领导力、组织覆盖力、群众凝聚力、社会号召力、发展推动力、自我革新力这六种分力相辅相成、共同作用而产生的多维向度的整体合力。当然，组织力的全部远不止这里所列举的六种分力，这只是在基层党组织这个场域中组织力的主要呈现。

第二节　新时代高校基层党组织要以提升组织力为重点

一、贯彻落实好新时代党的组织路线

"求木之长者，必固其根本。"① 在社会基层组织中，基层党组织发挥着战斗堡垒的作用，其生命力深刻受到党的组织路线的影响。坚持组织路线服务政治路线，是中国共产党一路走来的重要密码。党纲从党的一大开始，就明确了党的组织建设的原则，但正式提出"组织路线"的概念，则是到党的六大召开时。1929年，古田会议上毛泽东同志强调，"同志们应站在大会的精神之上努力去改造党的组织，务使党的组织确实能担负党的政治任务"②。新中国成立后，中国共产党立足于社会主义革命和建设的需要，强调各行各业的干部要又红又专。1979年，党的十一届三中全会之后，邓小平同志在《思想路线政治路线的实现要靠组织路线来保证》讲话中指出："中国的稳定，四个现代化的实现，要有正确的组织路线来保证，要有真正坚持马克思列宁主义、毛泽东思想和党性强的人来接班才能保证。"③ 党的十八大以来，在以习近平同志为核心的党中央坚强领导下，党的基层组织建设制度不断完善，基层组织体系更加严密，基层党组织战斗堡垒作用和党员先锋模范作用有效发挥，为实现"两个一百年"奋斗目标和中华民族伟大复兴的中国梦提供坚强组织保证。

党的十八大以来，补空白、立新规成为党的组织制度改革领域的重点。党中央先后出台一系列制度规定，《关于新形势下党内政治生活的若干准则》《县以上党和国家机关党员领导干部民主生活会若干规定》《中共中央关于加强党的政治建设的意见》等文件的出台，不断增强党内政治生活的政治性、时代性、原则性、战斗性；《中国共产党发展党员工作细则》《中国共产党党员权利保障条例》《中国共产党党员教育管理工作条例》等文件的出台，进一步突出政治标准、严格程序要求，为建设高素质党员队伍提供有力制度保证；《中国

---

① 罗安宪主编：《唐代文选》，人民出版社，2017年，第1页。
② 中共中央文献研究室编：《毛泽东文集（第一卷）》，人民出版社，1993年，第88页。
③ 邓小平著：《邓小平文（第二卷）》，人民出版社，1994年，第193页。

共产党组织工作条例》《中国共产党地方委员会工作条例》《中国共产党党组工作条例（试行）》等文件的出台，为确保党委（党组）健康高效地运转，充分发挥领导核心作用提供了重要支撑；通过印发《关于加强基层服务型党组织建设的意见》《关于集中整顿软弱涣散基层党组织的通知》《中国共产党支部工作条例（试行）》等，强化政治属性，发挥服务功能，以服务型党组织建设激发基层组织的战斗堡垒作用。针对高校基层党组织，近年来更是先后出台了《关于坚持和完善普通高等学校党委领导下的校长负责制的实施意见》《关于加强和改进新形势下高校思想政治工作的意见》《普通高等学校学生党建工作标准》，修订了《中国共产党普通高等学校基层党组织工作条例》等，强调坚持和加强党对高校的全面领导，健全高校的组织体系、制度体系和工作机制，扎实办好中国特色社会主义大学，让党的领导贯穿治校办学、立德树人全过程。

党的十八大以来，树导向、强监管成为干部人事制度改革领域的重点。各级党组织始终坚持党管干部原则，坚持新时代好干部标准，突出党组织领导和把关作用，让党组织领导把关贯穿干部工作各方面和全过程。近年来，中共中央以修订落实《党政领导干部选拔任用工作条例》《关于加强和改进优秀年轻干部培养选拔工作的意见》《干部选拔任用工作监督检查和责任追究办法》为牵引，构建精准科学的选人用人机制，大力培养选拔党和人民需要的好干部，有效破解选人用人"四唯"问题；出台《中国共产党重大事项请示报告条例》《领导干部报告个人有关事项规定》和《领导干部个人有关事项报告查核结果处理办法》，严明党的纪律要求，个人有关事项报告制度成为干部选任的必经程序和加强干部日常管理监督的重要途径；印发《党政领导干部考核工作条例》，改进政绩考核机制，有效遏制"形象工程""政绩工程"以及不担当、不作为、乱作为问题；修订实施《干部教育培训工作条例》，强化理论教育、党性教育和专业化能力培训，有效发挥补钙壮骨、固根守本作用；印发《中国共产党党内监督条例》《中共中央关于加强对"一把手"和领导班子监督的意见》，修订《中国共产党纪律处分条例》等，完善从严管理干部队伍制度体系，坚持抓早抓小，突出长管长严，切实加强日常管理监督，干部管理从宽松软走向严紧硬。

党的十八大以来，增优势、添活力成为人才发展体制机制改革领域的重点。习近平总书记在中央人才工作会议上谋篇布局，用"八个坚持"作了精辟概括：坚持党对人才工作的全面领导是做好人才工作的根本保证；坚持人才引领发展的战略地位是做好人才工作的重大战略；坚持面向世界科技前沿、面向经济主战场、面向国家重大需求、面向人民生命健康，是做好人才工作的目标方向；坚持全方位培养用好人才是做好人才工作的重点任务；坚持深化人才发展体制机制改革是做好人才工作的重要保障；坚持聚天下英才而用之是做好人才工作的基本要求；坚持营造识才爱才敬才用才的环境是做好人才工作的社会条件；坚持弘扬科学家精神是做好人才工作的价值引领和思想保证①。党中央通过制定实施《关于深化人才发展体制机制改革的意见》，不断加强顶层设计，深入实施新时代人才强国战略，全面提升改革系统集成能力，明确分类推进人才评价机制改革，突出用人主体在职称评审中的主导作用，提高人才评价的科学化、市场化水平，着力破解人才评价唯论文、唯职称、唯学历、唯奖项"四唯"问题，全方位培养、引进、用好人才，为加快建设世界重要人才中心和创新高地指明方向。

  党的十八大以来，以习近平同志为核心的党中央高瞻远瞩，深谋远虑，推进全面从严治党向基层延伸，扎实做好抓基层强基础的工作，不断夯实党的执政根基。2017年，习近平总书记在党的十九大报告中全面深刻地指出新时代党的建设总要求，为深刻阐释新时代党的组织路线内涵、全面提升高校基层党组织组织力提供根本遵循。② 2018年，习近平总书记在全国组织工作会议上全面阐述了新时代党的组织路线。③ 这就要求我们必须把党的组织体系建设摆在更加突出位置，把党员组织起来，把人才凝聚起来，把群众动员起来，着力培养忠诚干净担当的高素质干部，着力集聚爱国奉献的各方面优秀人才，做好年轻干部工作，各级党组织书记主动作为、坚决扛起第一责任人职责，牢固树立"抓好党建是本职、不抓党建是失职、抓不好党建是不称职"④的观念，把党建工作抓实、抓细、抓到位。2020年6月，在中共中央政治局第二十一次集体学习中，习近平总书记进一步阐明党的组织路线在党的建设中的重要作用，为全党深化认识并贯彻落实好新时代党的组织路线指明了正确方向，注入了强大动力。

  高校肩负着为党育人、为国育才的重要使命任务，贯彻落实好新时代党的组织路线，对于培养社会主义建设者和接班人具有重大意义。第一，高校基层党组织要强化政治引领。牢牢把握党对高校工作的领导权，建立健全加强党的

---

① 习近平著：《深入实施新时代人才强国战略 加快建设世界重要人才中心和创新高地》，《人民日报》，2021年9月29日，第1版。
② 习近平著：《决胜全面建成小康社会 夺取新时代中国特色社会主义伟大胜利——在中国共产党第十九次全国代表大会上的报告》，人民出版社，2017年，第61页。
③ 习近平著：《在全国组织工作会议上的讲话》，人民出版社，2018年，第11页。
④ 胡锦涛著：《在全党深入学习实践科学发展观活动总结大会上的讲话》，人民出版社，2010年，第23页。

全面领导的组织体系、制度体系、工作机制，教育引导广大师生在思想上、政治上、行动上同以习近平同志为核心的党中央保持高度一致，深刻认识"两个确立"的重大意义，不断增强"四个意识"、坚定"四个自信"、做到"两个维护"，确保高校工作始终沿着正确的政治方向，为提升办学治校水平和落实立德树人根本任务提供根本保证。第二，高校基层党组织要强化理论武装。站稳树牢科学的马克思主义观点立场，不断深化对习近平新时代中国特色社会主义思想的学习、理解和认识，抓紧抓实抓好意识形态工作和思想政治工作，坚持读原著、学原文、悟原理，提高师生党员的马克思主义理论水平和运用能力，确保高校师生信仰坚定，始终听党话、跟党走、感党恩。第三，高校基层党组织要强化组织体系建设。为确保党的路线方针政策和决策部署在高校全面贯彻落实，就要突出抓好高校院系党组织的基础建设，要紧紧围绕"党组织领导和运行机制到位、政治把关作用到位、思想政治工作到位、基层组织制度执行到位、推动改革发展到位"① 的工作要求，抓紧补齐高校领域基层党组织领导基层治理的各种短板，着力强化党建引领、政治把关、夯实基础、深度融合、责任落实，守好走实基层党建"最后一公里"，有力引领和保障学院高质量发展。第四，高校基层党组织要强化教师队伍建设。高校是深入贯彻落实新时代党的教育方针的重要阵地，要围绕立德树人根本任务，围绕高校"为谁培养人、培养什么样的人、如何培养人"② 的这一重大问题，切实落实"师德师风是评价教师队伍素质的第一标准"③ 要求，突出加强对高校教师的政治引领，自觉践行《新时代高校教师职业行为十项准则》，认真研究在高层次人才、骨干教师、优秀青年教师中发展党员的新举措，建设一支政治素质过硬、业务能力精湛、育人水平高超的高素质教师队伍。第五，高校基层党组织要强化党建业务工作一体化深度融合。高校的初心使命是为党育人、为国育才。这就要求基层党组织能够围绕高等教育使命发挥战斗堡垒作用，必须谋划推进和保障落实人才培养、学科建设、科研管理等重大改革、重要事项、重点安排坚强有力，必须在教学、科研、管理等重大事项中把握好其中的政治原则、政治立场、政治方向，在课程建设、教材选用、学术活动等重大问题上把好政治关，推进党的建设和群团组织建设、基层治理体系建设和维稳工作体系建设有机融合，切实维

---

① 中共教育部党组：《中共教育部党组关于高校党组织"对标争先"建设计划的实施意见》，http://www.moe.gov.cn/srcsite/A12/moe_1416/s255/201805/t20180524_337018.html.
② 郭洋波、秦玉峰著：《教育学》，人民出版社，2013年，第86页。
③ 冯刚、吴成国、李海峰著：《新时代高校思想政治教育前沿研究》，人民出版社，2022年，第211页。

护学校和谐稳定。第六，高校基层党组织要强化责任落实。落实好党建工作主体责任是重要保证，这就要求学校党委、院级党组织、基层党支部层层传导压力，要求党政领导班子、党务工作系统、学生工作系统等相互配合相互补充，进一步强化基层党组织的整体功能，从不同党建责任主体的共性出发，一体化构建基层党建工作责任体系，确保在党委的统一领导下，汇聚起整体抓好基层党建工作的强大合力。

二、提升高校基层党组织组织力的实践路径

提升组织力，需要找准着力点、用好发力点。根据面向群体不同，可以将组织力划分为党内组织力和党外组织力，再结合其科学内涵和影响因素，可将高校基层党组织组织力进一步系统地划分为政治领导力、组织覆盖力、群众凝聚力、社会号召力、发展推动力、自我革新力。其中，党内组织力主要包含政治领导力、组织覆盖力、自我革新力，党外组织力主要包含群众凝聚力、社会号召力、发展推动力，而不同的作用力之间既存在着一定交叉关系，又有着双向影响的关系。

政治领导力是高校基层党组织组织力的核心，是政党对各种政治力量、政治现象进行领导的能力。党的十九大报告指出："实现伟大梦想，必须建设伟大工程。这个伟大工程就是我们党正在深入推进的党的建设新的伟大工程。"[①]建设伟大工程，就是要不断增强党的政治领导力。从党的历史来看，政治领导力关系到党的生死存亡，也关系到党的事业的兴衰成败，其主要表现为对党内外人员的组织能力，引导着人们和各界社会力量去实现政治目标。提升政治领导力不仅仅是发挥党的政治优势、解决党内突出问题的必然要求，还是检验基层党组织组织力建设成效的核心指标，更是检验基层党组织建设质量提高成效的关键环节。而提升高校基层党组织政治领导力，就是要明确社会主义办学方向这一根本属性，始终坚持扎根中国大地办大学，坚持和加强党对高校的全面领导，持续加强和改进高校思想政治工作，不断发挥好生命线作用，为实现中华民族伟大复兴贡献教育力量。

组织覆盖力是确保组织结构构造稳定、组织体系维持延续和组织活力与时俱进的能力，直接发挥着运转和管理组织系统的重要作用，直接影响着系统的

---

① 习近平著：《决胜全面建成小康社会 夺取新时代中国特色社会主义伟大胜利——在中国共产党第十九次全国代表大会上的报告》，人民出版社，2017年，第16页。

运转好坏和效率高低。结构决定功能，要想使组织力产生倍增效应，就要有完善的组织体系和良好的互动结构。提升基层党组织结构力的前提就是要有科学合理、运行高效的组织结构体系，同时这也是衡量组织力强不强的一个重要标志。毛泽东同志曾在《井冈山的斗争》一书中总结斗争经验时指出："红军所以艰难奋战而不溃散，'支部建在连上'是一个重要原因。"① 只有构建科学完备的组织体系，有力推进党支部建设标准化、规范化，因时制宜、因地制宜地创新党支部设置形式，选优配强高校教师"双带头人"党支部书记，才能持续激发支部组织活力，促进高校基层党组织组织覆盖力的提升，把高校基层党组织打造成坚强有力的战斗堡垒。

群众凝聚力就是把群众力量拧成一股绳，让广大群众同心协力跟着走的感召力，体现的是一种非强制性的政治动员能力，为组织力提供源源不断的后续动力。凝聚力既包含着组织对于个人的吸引力和个人对于组织的向心力，也包含着个人和个人之间的黏结力。建党以来，我们党始终高度重视组织作用的发挥，不仅可以组织动员人民战胜自然灾害，而且善于在建设伟大事业中动员和组织群众，不断提升组织力量，形成了极强的群众凝聚力。提升高校基层党组织群众凝聚力，就是要扎根师生当中强化服务功能、坚守人民情怀、站稳群众立场，加大对师生员工的关怀力度，深入推进"我为群众办实事"，不断提升党组织的影响能力、凝聚能力、动员能力和引导能力，把广大师生"像吸铁石一样"团结起来，以充分地体现政治功能，不断使高校师生员工组织起来，坚定不移地听党话、矢志不渝地跟党走。

社会号召力表现为主体对客体的影响动员能力，具体体现为一个政党组织动员各种社会群体和社会力量等诸多要素，围绕着共同的价值理念、政治目标和社会愿景参与、融合和释放，最终团结起来付诸行动的能力。新时代不断增强党的社会号召力，要求我们必须适应形势任务发展，以伟大梦想汇聚勠力复兴的磅礴力量，以伟大斗争激发共迎挑战的豪情壮志，以伟大工程提供事业发展的坚强保证，用伟大事业点燃创造美好生活的激情，充分发挥共同目标愿景的感召作用。提升高校基层党组织社会号召力，首先要加强对广大师生的思想政治教育，带头践行社会主义核心价值观，充分发挥党的政治引领优势，参与学校"三重一大"决策，严把高校办学方向的政治关，顺应"两个大局"的新形势、把握高等教育改革的新要求、回应人民教育高质量的新期待，加快构建中国特色的现代大学民主制度。

---

① 毛泽东著:《毛泽东选集（第一卷）》，人民出版社，1991年，第65~66页。

发展推动力是实现客观事物进化发展或社会历史事实前进的推动力量和源泉，也是建立起组织力与中心工作密切联系、协同共进的重要桥梁和载体。坚持党建引领，为组织高质量发展提供了坚强干部人才保障。"教育是国之大计、党之大计。"[①] 提升高校基层党组织发展推动力，就是要坚持立德树人根本任务，抓好思政课程与课程思政，深入贯彻"三全育人"理念，推进"五育并举"全面发展素质教育；充分发挥高校人才培养、科学研究、服务社会、文化传承创新、国际交流合作的五大职能，积极服务地方经济社会建设和国家重大发展战略，助力实施科教兴国战略、人才强国战略、创新驱动发展战略，加快推进世界一流大学和一流学科建设，有力推动社会主义现代化教育强国的建设。

自我革新力主要表现为基层党组织和党员干部在推动自身建设中不断解决存在的突出问题，从而实现自我净化、自我完善、自我革新、自我提高的能力。自我革命关键要有正视问题的自觉和刀刃向内的勇气，坚定不移推进党风廉政建设和反腐败斗争，才能确保党不变质、不变色、不变味。提升高校基层党组织自我革新力，就是要不断强化党员、干部教育管理，始终保持先进性和纯洁性，永葆马克思主义政党本色，强化师生党员的思想觉悟和政治素养，严格党的组织生活制度，不断增强党内政治生活的政治性、时代性、原则性、战斗性，创新基层党建工作机制，形成基层党建工作品牌，凝练优秀党支部工作做法，切实做好高校党建示范创建和质量创优工作与"对标争先"建设计划，在新时代把党的自我革命推向深入。

第三节　全面提升高校基层党组织组织力的重要意义

一、高校基层党组织组织力的主要成就

党的十八大以来，习近平总书记高度重视基层党建工作，强调把基层党组织建设成为宣传党的主张、贯彻党的决定、领导基层治理、团结动员群众、推动改革发展的坚强战斗堡垒。而高校不仅肩负着培养社会主义建设者和接班人

---

① 习近平著：《习近平著作选读（第一卷）》，人民出版社，2023年，第28页。

的重任，更是坚持和加强党的全面领导的重要阵地。高校基层党组织是贯彻党中央的路线方针政策和决策部署，以及确保新时代党的教育方针落地见效的重要基础。加强高校基层党建工作，对于加强和改善党对高校的全面领导，实现高等教育内涵式发展有着重要意义。随着党中央颁布实施一系列重要文件和规定，高校基层党组织在组织力建设上取得了不少可喜的成绩。

（一）高校基层党组织制度不断完善

为深入贯彻落实习近平总书记关于坚持制度治党、依规治党的重要论述，进一步扎紧高校制度的笼子，加强高校党建工作的制度化、规范化建设，在相关部门的指导下，一系列规范性指导性制度文件随着顺应形势发展与实践的需要得以发布。2013 年，《关于进一步加强高校学生党员发展和教育管理服务工作的若干意见》进一步规定了发展学生党员标准，加强了学生党员教育培养，健全了学生党员管理机制，完善了学生党员服务机制；《关于加强和改进高校青年教师思想政治工作的若干意见》为进一步加强高校青年教师队伍建设、提高青年教师思想政治素质、促进青年教师全面发展指明了方向。2014 年，《关于坚持和完善普通高等学校党委领导下的校长负责制的实施意见》进一步理顺了党委和校长之间的职能分工以及运行机制，建立健全了党委统一领导、党政分工合作、协调运行的工作机制，为充分发挥高校党组织的政治核心作用提供了坚强保障和直接依据。2016 年，习近平总书记在全国高校思想政治工作会议上发表的重要讲话，把高校思想政治工作摆在更加突出的位置，高校基层党组织组织力建设的重要意义更为凸显。《关于加强和改进新形势下高校思想政治工作的意见》《普通高等学校学生党建工作标准》《关于加强新形势下高校教师党支部建设的意见》《关于高校党组织"对标争先"建设计划的实施意见》《关于高校教师党支部书记"双带头人"培育工程的实施意见》《关于深化本科教育教学改革全面提高人才培养质量的意见》《关于加快构建高校思想政治工作体系的意见》《中国共产党普通高等学校基层党组织工作条例》等一系列文件制度措施陆续出台实施，为全面提升高校基层党组织组织力建设提供了明确的方向指引。

在上述主要成就中我们不难看出，高校基层党组织的制度建设在与时俱进中逐步实现了质量和数量上"由简入繁、由低到高"的丰富发展，实现了内容和体系上"由单一零散走向科学系统"的协调衔接。高校基层党组织建设的每一部党内法规的颁布实施、修订调整在作用对象、领域、方式、范围和程度都有所不同，充分展现了每一部党内法规的特定价值和目标。同时，作为衡量高校基层党组织制度化水平高低的重要因素,其也在一定程度上深刻地影响着组织力建设,尤其是进入新时代以来,为推进高校基层党组织组织力建设规范化提供了重要的制度保障。

(二)高校学习型服务型创新型党组织建设有序推进

党的十八大报告明确提出:"建设学习型、服务型、创新型的马克思主义执政党,确保党始终成为中国特色社会主义事业的坚强领导核心。"① 这不仅是党的建设新的重大课题,也是一项长期的重大战略任务,需要不断深化对其重大意义、基本内涵和相互关系的认识,积极探索其实践路径。高校基层党组织始终把这一系统工程视作锻造肌体、强健体魄、筑牢根基的重要载体和实践平台,全过程全方位地贯穿于人才培养、科学研究、社会服务、文化传承创新、国际交流合作中,在汇聚广大师生群众力量、推动高校内涵式发展、服务地方经济社会建设等方面发挥了重要作用,为全面建设学习型、服务型、创新型基层党组织提供借鉴和经验。

首先,以学习型为基础强化组织理论武装水平,不断提升发展适应能力、创新能力、学习能力、变革能力。学习与思考是增强团队生命力的首要前提,只有构建学习型组织,全面提升团队成员的共同学习能力,才能不断推动组织改革创新,促进团队可持续发展。高校基层党组织有着社会公认的智库优势,要积极加强学风建设、丰富学习内容、拓展学习资源、创新学习方式,探索构建一系列常态化机制来巩固学习成果、保障学习成效,有效形成学习引领、思想引领、政治引领的良好氛围和环境。其次,以服务型为导向强化组织功能作用发挥,不断提升服务能力、群众工作能力,发展履职能力、防范化解风险能力。高校基层党组织紧密联系高等教育工作实际,切实提高教育治理能力,履行立德树人职责,利用好活动载体丰富和工作模式创新的特点,不断完善人才队伍建设和机制体制改革,有效促进服务水平和服务能力上台阶,积极应对化解高等教育领域所面临的各类风险挑战,不断拓展教育服务的广度和深度,进一步增强对广大师生群众的凝聚力和感召力。最后,以创新型为动力强化组织观念与时俱进,不断提升学习成效、组织活力,发展实践能力和事业推动力。创新是政治组织力可持续提升的重要手段。高校党组织在建设过程中坚持解放思想、实事求是,要在党员的学习教育和管理方式上下功夫,为基层党组织源

---

① 胡锦涛著:《坚定不移沿着中国特色社会主义道路前进 为全面建成小康社会而奋斗——在中国共产党第十八次全国代表大会上的报告》,人民出版社,2012年,第50页。

源不断地注入创新创造动力和争先创优活力，汇集各类党员人才的干劲和才智，不断推动高校在中心工作上取得新的更大成就。

（三）高校党员队伍活力持续增强

在高校这一青年聚集地中，党员队伍建设是党的建设的基础性工程，发展党员的工作成效直接关系到高校培养的人才是否能成为党的事业的合格接班人和可靠建设者，关系到中国特色社会主义事业千秋万代是否后继有人，因此科学合理地发展学生党员更显重要。2013年，《关于进一步加强高校发展学生党员和党员教育管理服务工作的若干意见》由中央颁布实施，明确了加强党员队伍建设的根本要求和指导思想，直接推动高校学生党员发展结构不断优化、质量不断得到提升。2014年，中共中央修订颁发了《中国共产党发展党员工作细则》，再次表明对党员发展管理工作的关心与重视，并提出了"控制总量、优化结构、提高质量、发挥作用"[1]的总要求。2021年，中共中央修订颁发了《中国共产党普通高等学校基层党组织工作条例》，强调了"坚持标准、保证质量、改善结构、慎重发展"[2]的方针，把政治标准放在首位，再一次对高校发展党员工作作出要求。尤其明显的是，自提出"控制总量"的要求以来，党员发展总数从2013—2016年连续得到控制，在放缓增速的背景下，党员发展质量和队伍结构得到更大保障和更深优化，意味着党员发展正式从"高速增长"向"高质量发展"转变，正如列宁曾经所言："党员数量上的这种减少意味着党的力量和作用的大大增加。"[3] 如果党员的"入口"标准把关不严，教育培养软弱涣散，自豪使命变成平淡漠视，那么必然会削弱党的组织力作用。正因如此，党的十八大以来，高校基层党组织通过控制党员发展规模、坚持严格入党标准、规划把握发展流程，为学生党员质量进一步加强提供了组织保障，高校基层党组织组织力也得到进一步增强。

二、高校基层党组织组织力的现状述评

新时代，高校基层党组织建设适应时代发展新要求，高校党委管党治党责任意识得到新提升，办学治校育人成效取得新突破，服务经济社会发展作出新

---

[1]《中国共产党发展党员工作细则》，人民出版社，2014年，第1页。
[2]《中国共产党普通高等学校基层组织工作条例》，人民出版社，2021年，第17页。
[3] 中共中央马克思恩格斯列宁斯大林著作编译局编：《列宁选集（第四卷）》，人民出版社，1995年，第22页。

贡献，在担当作为、履职创新、开拓进取中，取得了显著成效。但立足"两个大局"，当前高校基层党组织组织力建设仍面临着考验与挑战，存在着一些共性问题和深层次问题亟待破解。

（一）领导力推动力有待提升

2021年5月至7月，按照党中央部署安排，十九届中央第七轮巡视对教育部和31所中管高校党组织进行常规巡视，并于同年9月，由中央巡视工作领导小组召开集中反馈会议，随后"一对一"反馈了巡视情况。巡视发现，部分高校党委在加强党的建设、落实立德树人根本任务、执行党委领导下的校长负责制、从严管党治校、加强班子队伍和基层党组织建设等方面还有不足。此外，作为党在高校的全部工作和战斗力的基础与一线，作为学校党委工作的延伸和支撑，高校院系党组织在贯彻落实党政联席会议制度上也存在一定差距。一是党务与业务工作同部署、同谋划、同推进、同落实有差距，部分院系领导班子存在党政责权不平衡的问题，"党要管党"被片面理解为"党只管党"的现象仍然存在，党组织工作仅仅局限于党员教育管理、思想政治工作等，参与讨论学院重要决策时缺乏话语权，发挥党组织的政治核心作用引领把关教学科研规划参与不足。二是党政领导班子整体合力、凝聚力、战斗力有差距，存在班子不团结，创造性不强，会前不沟通，决策不民主，出现党务和行政"两张皮"的现象，主要负责同志发挥政治核心作用不足，紧紧围绕中心任务，在参与决策重大问题时起到保证和监督作用的力度不够，进而导致党的领导力弱化。三是党政职责定位不明确，协调沟通不畅通，对于管党治党、办学治院主体责任定位不明晰，有的党政主要负责同志独断专行、各行其是，导致本应是一个单位的两个组织系统共同商量、共同决策的事务无法有效决策和正常执行。

（二）覆盖力革新力有待提升

当前高校基层党组织体系总体是健全的，组织设置基本上是按照行政隶属关系进行的层级化设置，学生党支部主要按照专业、年级设置，教师党支部主要按照教研室设置，形成了垂直纵向的管理体系。但随着高校改革不断深入、招生规模扩大、职能分工更加清晰明确，更加多样的组织结构和组织方式产生，特别是在高校中为适应新形势下发生变化的科研机构设置，课题组、项目组、研究院等成为越来越多的研究生开展学习和研究工作的主要形式，使得党组织设置出现了一些空白点。同时，有的支部党员之间的关联性与熟识度不够，共同任务与交集话题不多，也在一定程度上影响着党员发展工作、先锋模范作用发挥和支部内聚力的提升；有的支部规模过大、党员人数过多，影响着党内政治生活质量的提高，为党员的教育管理带来了一定难度。此外，高校党务工作队伍的专业化建设水平不高，有的高校没有设置足够的党务工作专职岗位和干部职数，有的是由院系教师兼任，在繁重的教学科研任务挤压下，他们很难有足够的时间和精力来兼顾好党务工作，出现了"挂帅不出征""兼职不履职"的一般现象。

党内政治生活严肃认真，不仅是党的优良传统和政治优势，也是始终保持党的先进性和纯洁性的重要抓手，更是解决党内自身矛盾和问题的"金钥匙"，对于高校党委深入推进全面从严治党、解决党的领导弱化和建设虚化等现实问题都有着重要意义。但有的高校落实组织生活制度不到位，坚持"三会一课"制度不到位。有的组织生活内容上存在"上下一般粗"问题，以业务研究代替政治学习、以娱乐活动替代教育活动，学习心得大同小异、思想体会不够深刻。有的组织生活形式上存在着单一化、走过场、流于形式的现象。有的高校党委班子民主生活会原则性不强，联系工作、联系思想、联系作风的深刻剖析不够，批评与自我评价辣味不够，以提希望代替点问题，以工作建议代替批评意见。

（三）凝聚力感召力有待提升

中国共产党始终为中国人民谋幸福、为中华民族谋复兴。高校基层党组织提升凝聚力感召力，就是要坚守人民立场、厚植人民情怀，树立以人民为中心的发展理念，牢记全心全意为人民服务的根本宗旨，始终维护群众利益，实现、发展群众利益，深入推进"我为群众办实事"实践活动，瞄准师生群众普遍关心的突出问题，一个一个解决，织密党群"关系网"，回应师生员工和广大群众的新期待，真正赢得人心民心，才能不断增强人民群众的获得感、幸福感、安全感，才能把广大师生组织起来、动员起来，投身岗位服务教育事业发展，最终实现共产党的执政目标。自从党的十八大以来，高校基层党组织正向着服务型党组织有序推进建设，尽管已经取得了一定的阶段性成果，积累了一定的新工作经验，然而一些问题仍然凸显。

第一，为民服务意识要进一步增强。有的党员身份意识不强、身份认同不高，践行党员义务和责任、争做一名合格党员的自觉意识有所弱化，全心全意为人民服务的自觉性还不够。有的党员日常工作中学习党务知识的主动性不高，缺少党员应知应会的基本内容，在物质社会中容易迷失自己的身份，导致不忘初心、牢记使命的意识出现淡化。第二，为民服务能力要进一步提升。服务能力决定着高校党组织的群众凝聚力和社会号召力。有的高校基层党组织在教学科研和人才培养上的服务活力不够，缺少足够的聚焦中心任务、服务国家战略需求的责任感和使命感。有的高校基层党组织在发展党员工作中，对政治标准把关不严，仅以业务能力和专业成绩作为单一指标，导致部分师生党员践行人民情怀的能力、经验不足，在面临新问题、新情况、新形势、新挑战时的办法措施不多，难以满足新时代党建工作的新要求。第三，为民服务机制要进一步健全。有的高校基层党组织缺乏一套完备的机制，导致进一步激发党员干部服务热情的成效不足，服务成绩不能在实践中得到充分肯定。

三、高校基层党组织组织力的时代价值

组织力是党组织的生命之力，提升高校基层党组织组织力，对于当前甚至是在今后的一段时期内高校各级党组织建设和高等教育事业发展，都有着极其重要的意义。

（一）提升高校基层党组织组织力，是加强党对高校的全面领导、落实全面从严治党的必然要求

我国高校的最大政治优势就是坚持中国共产党的全面领导，而加强党对高等教育事业的全面领导，就是要纵深推进落实全面从严治党。在高校，基层党组织是所有重要工作得以开展的坚实基础，是党密切联系师生群众、统一思想共识的重要抓手。其中，党支部发挥着关键作用，在高校职能部门、教学科研单位等各环节中贯彻落实中国共产党的各项政策和方针，联系广大党员群众，是提升党组织组织力必不可少的一环。如果基层党组织的组织力薄弱，也就意味着学校党委无法全面履行党建主体责任，组织覆盖面窄，团结群众力量弱，社会号召力不足，无法做到真正地贯彻落实党的路线、方针、政策，那么党的建设也就变成了一纸空谈。

历史证明，中国共产党的政治优势与体制自信不断彰显，形成的组织效力有目共睹，但不可否认，新时代党的建设仍面临着艰巨任务。首先，党的建设规模快速增长的背后可能存在质量下降的风险。理想信念与价值信仰是政党与党员生存与发展的根基。在当今极为复杂的社会环境下，党组织中也存在着个别入党动机不纯洁的投机分子、理想信念不坚定的游移分子、为民情怀不深厚的落后分子、纪律作风不过硬的腐败分子。倘若不正视这些问题，党的声誉与

形象终将败坏，党的先进性与纯洁性必将削弱。打铁还须自身硬，要不断织密织牢基层组织体系，继续推进新时代党的建设新的伟大工程，确保党在新时代坚持和发展中国特色社会主义的历史进程中始终成为坚强领导核心。

只有提升党组织的政治领导力，才能加强党的政治建设和思想建设，才能为高校实现高等教育事业高质量发展提供坚实的政治基础。只有提升党组织的自我革新力，才能加强党的作风建设和纪律建设，消除阻碍学校事业发展的一切不利因素，营造风清气正的校风、院风和学风，把全面从严治党融入全校师生党支部的工作全过程。只有提升党组织的组织覆盖力、群众凝聚力和社会号召力，走进宿舍、走进社团、走进社区，才能加强党的组织建设，团结一切可以团结的力量，更好地为师生与群众提供学习、工作、生活等多方面的服务。只有提升党组织的发展推动力，激励党员干部干事创业、带领群众撸起袖子加油干，才能加强队伍建设，使干部适应新变化、贯彻新要求、掌握新方式，以高质量党的建设推动学校各项工作的发展，使学校与时俱进而不再固步自封。

（二）提升高校基层党组织组织力，是新时代推进"双一流"建设和高等教育事业发展的现实需要

"基层党组织组织能力强不强，抓重大任务落实是试金石，也是磨刀石。"[①] 2018年，党中央对"双一流"建设作出重大战略决策，教育部、财政部、国家发展改革委联合出台《关于高等学校加快"双一流"建设的指导意见》。高校能否建成世界一流大学和一流学科，也在一定程度上反映了高校基层党组织组织力的水平。高校党的建设，始终服务高校立德树人的中心工作开展，服务党员同志和人民群众，不断激发组织能力和组织功能，为高等教育事业的内涵式发展提供了思想基础、政治基础和组织基础。倘若教师党支部的组织力强，对于形成有竞争力的科研团队、培养更多高层次人才、产出高水平学术成果、服务经济社会发展等，都有重要的支撑作用。倘若学生党支部的组织力强，则更有利于其坚定社会主义建设者和接班人的理想信念和文化认同，自觉践行社会主义核心价值观，努力在拼搏奋斗中增长才干。各级党组织需要在学科建设中，特别是科学指引、整体布局、重点特色、成果转化等环节，发挥政治领导力，进行政治把关，发挥社会号召力，培育和吸引一批杰出科学家、学科带头人、教授专家学者等高层次人才，发挥组织覆盖力，打造交叉新兴学科群与科研团队，营造积极健康向上的学术氛围，为科学研究和学科建设提供

---

① 习近平著：《论坚持党对一切工作的领导》，中央文献出版社，2019年，第261页。

组织保障。所以，提升高校基层党组织组织力，是新时代推进落实"双一流"建设要求、奋力实现高等教育内涵式发展的必由之路。

（三）提升高校基层党组织组织力，是充分发挥基层党组织战斗堡垒作用的重要法宝

习近平指出："党的基层组织是党的肌体的'神经末梢'，要发挥好战斗堡垒作用。"[①] 基层党组织的政治功能与作用发挥主要表现在以下五个方面：一是贯彻党的决定，发挥领导功能；二是宣传党的主张，发挥教育功能；三是领导基层治理，发挥引领功能；四是团结凝聚群众，发挥动员功能；五是推动改革发展，发挥服务功能。长期以来，中国共产党始终高度重视基层党组织建设，在提升组织力上下功夫、出真招，有利于基层党组织的战斗堡垒作用更好地被发挥出来。

在高校基层党组织建设过程中着力提升组织力，对于推进教师和学生的思想政治工作"入脑入心"更有着重要影响。其中，提升群众凝聚力，有助于促进师生党员参与到"传帮带"、"三支一扶"、志愿服务、教育培训等各项工作中去，并从实践中不断提高思想政治素质、政策理论水平和工作业务能力；提升组织覆盖力，在调动支部党员参与教师和学生思想政治工作的积极性等方面有着组织优势。此外，高校基层党组织着力提升组织力，对于强化师生职工思想引领、政治引领也有着重要作用。其中，在院系级党委领导班子中，要求具有中共党员身份的院长进党委委员班子，兼任学院党委副书记，有利于发挥政治领导力；在教师支部党员申报哲学社会科学领域的课题时，应由支部书记进行审核把关，确保政治立场鲜明的基本要求。广大师生党员在党支部号召下，能够更加认真学习、深刻领会、坚决贯彻习近平新时代中国特色社会主义思想，尤其是习近平总书记关于高等教育工作的重要论述，保证党的教育方针有力贯彻落实。

---

① 习近平著：《论坚持党对一切工作的领导》，中央文献出版社，2019年，第260页。

第二章　提升高校基层党组织政治领导力，始终坚持社会主义办学方向

政治建设是党的根本性建设，摆在党的建设的首要位置。历史和现实昭示我们，中国共产党始终坚持把党的政治建设纳入党的建设总体布局之中加以谋划，持之以恒加以推进，并始终摆在首要位置。这从根本上明确了党的政治建设在新时代党建中的首要地位，凸显了党的政治建设的重大现实意义和战略意义。突出高校基层党组织政治领导力建设是基层党建的内涵不断外延和实践指向的需要，提升高校基层党组织政治领导力，能够落实党对高校的全面领导，始终坚定社会主义办学方向，确保落实立德树人根本任务，不断提升高校党的建设质量和水平，不断强化基层党组织战斗堡垒作用，不断发挥党员先锋模范作用，确保高等教育始终沿着正确的方向阔步向前。

第一节　高校基层党组织政治领导力的内容建构

政党的本质是特定阶级利益集团的集中代表，是具有共同政治纲领、政治路线、政治目标的利益集合体，政治属性是其最根本的属性。高校基层党组织政治领导力建设是历史与现实的统一、理论与实践的契合、目的与任务的交融。一是要从中国共产党为中华民族谋复兴、为中国人民谋幸福的初心使命，即历史与现实维度加以考量，高校基层党组织政治领导力建设就是要完成代代育人的历史使命。二是要从推动新时代高等教育改革发展、实现高质量发展，即理论与实践维度加以考量，高校基层党组织政治领导力建设就是要为新时代高等教育改革发展、实现高质量发展提供坚强的政治领导。三是要从培养高质量人才，即目的与任务维度加以考量，高校基层党组织政治领导力建设最终的核验指标是"为谁培养人，培养什么人，怎么培养人"这个根本问题。把握好

了历史与现实的统一、理论与实践的契合、目的与任务的交融三个维度，高校基层党组织政治领导力的内涵及内容建构就有了根本依循。

一、高校基层党组织政治领导力的基本内涵

政治领导力是政党为实现自己的政治主张、政治纲领和政治目标在政治领域所开展的建设、管理、评价、惩处等工作，是政党建设的核心要求。高校基层党组织政治领导力的深刻内涵必须放置于为实现中华民族伟大复兴的战略视域之下来考量，必须放置于百年未有之大变局的历史视域之下来考量，必须放置于中国特色社会主义现代化进程的现实视域之下来考量，必须放置于新时代高等教育改革发展的局部视域之下来考量，才能保证政治方向始终鲜明，政治原则始终坚定，政治路线始终正确，更加统一高校师生意志，更加凝聚师生党员力量，切实落实教育的"四为服务"功能。基于阶级和教育的基本属性，笔者认为，高校基层党组织政治领导力的深刻内涵可以基本概括为：坚持以马克思主义为指导，在中国共产党的全面领导下，高校党委为落实立德树人根本任务，推动基层党建工作提质增效，围绕提升党员干部、师生政治判断力、政治领悟力、政治执行力而开展的有目的、有计划、有组织的理论武装与实践探索。

二、高校基层党组织政治领导力的内容建构

高校基层党组织政治领导力是历史与现实的统一、理论与实践的契合、目的与任务的深度融合，把握高校基层党组织领导力建设，要着力围绕政治判断力、政治领悟力、政治执行力三个方面，要在不断加强内涵解析的基础上，进一步深刻把握外延。

（一）政治判断力

"政治上的主动是最有利的主动，政治上的被动是最危险的被动。"[①] 政治判断力就是对复杂变化的实际进行客观准确的判断，做出正确合乎实际的抉择的能力。从党的政治建设和国家治理体系的大处着眼，增强政治判断力，就要以国家为大、以人民为重，以坚持和发展中国特色社会主义为本，增强对波诡

---

① 习近平著：《习近平谈治国理政（第四卷）》，外文出版社，2022年，第44页。

云谲的形势变化的科学把握,提升对难以捉摸的本质内核的精准识别,锤炼清醒明辨行为是非、有效抵御风险挑战的应对处置能力。落实到高校基层党组织,就是要始终坚持以立德树人为本,以师生为重,以坚持和发展中国特色社会主义教育事业为基,敢于善于从政治上看待、分析和解决问题,始终做到对高等教育改革发展的方向与形势眼睛亮、见事早、行动快,同时着力提升领导干部见微知著的敏锐性、居安思危的前瞻性、明察秋毫的预见性和防患未然的主动性,保证中国特色社会主义教育事业方向始终正确,保证中国特色社会主义事业接班人头脑始终清醒。

(二)政治领悟力

"不谋全局者,不足谋一域。"① 政治领悟力是对政治的领会与体悟的能力,是领导干部政治智慧、政治能力的重要内容,是由浅入深、由近及远、从现象到本质的螺旋式上升过程。无论是党员干部、师生群众,都要深刻把握"两个确立"、增强"四个意识"、坚定"四个自信"、做到"两个维护",保持坚如磐石、不惧风浪的定力。坚决落实党中央精神,在"国之大者"中找准高等教育坐标,把推进教育改革发展工作放到"国之大者"中思考,顺势而为、善作善成。一是高校基层党组织党员干部要深入学习领会习近平新时代中国特色社会主义思想这一21世纪发展着的马克思主义,安安心心读原著、扎扎实实学原文、认认真真悟原理,切实推进党的创新理论武装,做到入耳入脑入心入行。二是高校基层党组织党员干部要始终保持头脑的政治清醒,多打大算盘、算大账,少打小算盘、算小账,善于把学校这个局部领域的工作融入党和国家教育事业大局,积极引导师生将小我融入大我,以青春奉献中国,让青春在火热的实践中闪烁耀眼的光芒。三是高校基层党组织党员干部要把党中央高等教育的重大决策部署学深学透、做深做实,经常、主动向党中央看齐,校准自己的思想和行动,党中央提倡的坚决响应,党中央决定的坚决照办,党中央禁止的坚决杜绝,始终同党中央保持高度一致,切实增强时刻向党中央看齐的思想自觉和行动自觉。

(三)政治执行力

说一千,道一万,不如踏踏实实干。政治判断力是基层党组织建设的前提

---

① 中共中央文献研究室编:《习近平关于全面从严治党论述摘编》,中央文献出版社,2016年,第88页。

基础，政治领悟力是基层党组织建设的中间过程，政治执行力才是基层党组织建设的结果导向。"政治执行力，是贯彻落实上级组织决策、履行职能职责、及时有效解决问题、持续推动工作的能力、态度与精神状态，是一个政党组织力、凝聚力、战斗力的具体体现。"① 高校基层党组织党员干部提高政治执行力，就是要做到坚决贯彻党中央决策部署，要有坚定的理想信念和政治立场，更要有过硬的政治执行力。执行党中央决策部署是一条铁的纪律。高校基层党组织政治执行力的提升要下大力气苦练内功，提升履职尽责能力，自觉主动学习，注重实践培养，提升工作能力。推进教育改革发展决不允许上有政策、下有对策，决不允许有令不行、有禁不止，决不允许在贯彻执行中央决策部署上打折扣，搞变通，决不允许出现不推不动、推而不动、动而乱动的情形，更不能违背中央大政方针各自为政、自行其是，坚决杜绝"选择性执行""试探性松懈"等政令不通的情形。

第二节　坚持党对高等教育事业的全面领导

习近平新时代中国特色社会主义思想是 21 世纪发展着的马克思主义，其内涵丰富、思想深邃、意境高远、指向鲜明，包含政治、经济、文化、社会、内政、国防、外交等方面，体系宏大、视野宏阔，为中华巍巍巨轮驶向中华民族伟大复兴的汪洋大海指明了方向，提供了指引，做出了遵循。在推进高等教育事业改革发展的前进征程中，必须坚持以新思想武装头脑、指导实践、推动工作。

一、坚持把学习贯彻习近平新时代中国特色社会主义思想作为政治必修课

高校基层党组织要坚定不移持续向党建和思想政治工作要资源、要战斗力、要改革发展成果，坚持一流党建引领学校改革发展思路，围绕把准政治方向、坚定政治信仰、提升政治能力，做长久之计，行长效之举，服务国家战略，紧贴时代要求，发挥优势助力地区、行业高质量发展。

---

① 任初轩编：《如何提高"政治三力"》，人民日报出版社，2021年，第58页。

（一）把准政治方向

高校基层党组织把准正确政治方向，首要是深刻领悟"两个确立"的决定性意义，增强"四个意识"、坚定"四个自信"、做到"两个维护"，必须把党中央的要求不打折扣、不搞变通地贯彻落实到管党治党、办学治校、人才培养的全过程、全阶段，这是最根本的政治要求。"两个确立""四个意识""四个自信""两个维护"的理论与实践关系中有着深刻的理论逻辑和实践逻辑、历史逻辑和现实逻辑。高校基层党组织的各级领导干部、师生群众要坚持系统学习习近平新时代中国特色社会主义思想，以及习近平总书记关于高等教育的重要论述，始终坚持读原著、学原文、悟原理，做到及时跟进学、融会贯通学、笃信笃行学，弄清楚其中蕴含的基本内涵、理论来源、历史演进和现实缘由，切实提升推动事业发展、提升个人成长的思想自觉和行动自觉。要结合专家学者辅导报告，讲授专题党课，开展理论研讨，强化调查研究，增强学习的针对性和实效性。

（二）坚定政治信仰

习近平总书记指出："理想信念就是共产党人精神上的'钙'，没有理想信念，理想信念不坚定，精神上就会'缺钙'，就会得'软骨病'。"[①] 坚持持之以恒加强理论武装。高校基层党支部要着力健全校院两级党委理论学习中心组学习制度、党支部组织生活和师生政治理论学习制度，通过自主学习与集中学习，线上与线下学习，不断提升党员干部、师生的马克思主义理论水平，掌握科学的世界观和方法论，筑牢理想信念。持续开展党性提升实践体验。坚持中国共产党百年奋斗征程的伟大实践，围绕革命、建设、改革主题主线，组织党员干部到博物馆、档案馆、爱国主义教育基地、干部研究院等单位进行沉浸式、体验式学习，做好"四史"教育；结合脱贫攻坚、疫情防控、全面建成小康社会等方面的工作成果开设"思政大课"，通过历史与现实映照、国内与国际对比，引导党员干部、师生群众深刻领悟中国共产党为什么"能"，马克思主义为什么"行"，中国特色社会主义为什么"好"。健全党员教育管理长效机制。压实党员发展责任，规范发展党员程序，杜绝"照指标、走程序"问题，做到入党前期重思想引领，入党中期重对标看齐，入党后期重党性培育，切实

---

① 中国纪检监察报社评论部编：《党的十九大以来全面从严治党新观察》，人民出版社，2019年，第267页。

解决党员培养教育管理过程中"重前期培养,轻后期教育管理"的不良现象,让每一名党员都切实发挥好先锋模范作用。

(三)提升政治能力

提升党组织的政治能力是组织能力提升的有效支撑。高校党组织要在提升政治判断力上下功夫,努力培育敏锐的政治意识,坚定正确的政治选择,践行正确的政治跟随。高校党组织要在提升政治领悟力上下功夫,就是要强化政治建设自觉,切实夯实政治建设基础,大力拓展政治建设视野,着力强化政治引导能力。高校党组织要在提升政治执行力上下功夫,要自觉向党的理论和路线方针政策及决策部署对标看齐,党中央提倡的始终做到坚决彻底响应,党中央决定的始终坚定不移执行,党中央禁止的坚决不做,做到有令必行,令行禁止。高校党组织要在提升师生凝聚力上下功夫,要主动联系基层,要主动下沉调研,经常性深入教室、寝室、实验室和学生活动场所,把党和国家的政策宣传贯彻下去,把立德树人办学实践中的痛点难点症结点和意见建议搜集上来,整改解决,举一反三,形成制度,提升师生满意度和幸福感。

二、坚持党对教育事业的全面领导,办好人民满意教育

"党政军民学,东西南北中,党是领导一切的。"[1] 办好中国的大事,关键在党;落实好立德树人根本任务,办好高等教育,培养高质量人才,关键还在党。党的十九大报告指出,"要全面贯彻党的教育方针,落实立德树人根本任务"[2]。党对教育的全面领导,就是要切实履行高校党委把方向、管大局、保落实的领导责任,确保党委始终发挥总揽全局、协调各方的领导核心作用。夯实党委领导下的校长负责制这一高校基本制度基础,确保牢牢掌握办学治校的领导权、管理权。

(一)切实发挥高校党委把方向、管大局、保落实的重要作用

中国共产党的领导是中国特色社会主义的最本质特征,办好高等教育,关键在于加强党对高等教育事业的全面领导,这就要求党在教育事业发展过程中

---

[1] 习近平著:《决胜全面建成小康社会 夺取新时代中国特色社会主义伟大胜利——在中国共产党第十九次全国代表大会上的报告》,人民出版社,2017年,第20页。

[2] 习近平著:《决胜全面建成小康社会 夺取新时代中国特色社会主义伟大胜利——在中国共产党第十九次全国代表大会上的报告》,人民出版社,2017年,第45页。

持续提升把方向、管大局、保落实的能力和定力,确保党的路线方针政策在学校得到全面贯彻落实。其中把方向影响根本、关乎大局、决定长远,要求从根本上坚持马克思主义的指导地位,牢牢把稳办学治校育人的正确政治方向,坚决落实党中央各项决策部署,切实担负好立德树人的领导职责。管大局在于观形势、谋大事,心怀国之大者,应正确处理好局部与全局、当前与长远、个别与集体的关系,把解决具体问题与深层次矛盾结合起来,把解决实际问题与思想问题结合起来,既把握当下,又洞察未来,不断增强学校工作的科学性和预见性。保落实在于认真落实"三重一大",求真务实、真抓实干,干抓落实的事,做抓落实的人,确保重大决策落地落实落细,打通抓落实"最后一公里"。

(二) 始终坚持党委领导下的校长负责制

我国高等教育领导体制经历了"党委领导下的校务委员会负责制""党委领导下的校长分工负责制""校长负责制""党委领导下的校长负责制"等发展变化[①]。党委领导下的校长负责制是高等教育长期实践探索的结果,是全面贯彻党的教育方针,坚持社会主义办学方向,落实立德树人根本任务的重要举措,是不断提升领导班子决策能力和水平,强化担当作为、攻坚克难的重要法宝。坚持党委领导下的校长负责制要从两个维度来正确处理"党委领导"与"校长负责"之间的关系以及党委和行政决策的边界问题。一是在于高校要从根本上坚持党委领导,履行管党治党、办学治校、教书育人的主体责任,切实发挥好把方向、管大局、保落实、作决策、抓班子、带队伍等方面的领导作用,这是坚持党委领导下校长负责的第一位要求。二是在于党委决定(决议)等重大事项不等于包揽所有的行政事务,要给予"校长负责制"在法定权利义务范围内相应的议事决策权指挥权,校长办公会负责组织实施党委决议,行使法定职权,负责高校的教学、科研、管理、服务、对外交流等工作。校长办公会应以高度的政治自觉,主动承担党委赋予的职责使命,尽心尽力推动学校治理能力和治理体系现代化,以培养高质量人才为目标,围绕学校发展规划、管理制度、教学科研改革措施、办学资源配置、年度工作计划方案等进行科学编制、统筹协调、协同推进,推动学校高质量发展。

[①] 参见张斌贤著:《我国高等学校内部管理体制的变迁》,《教育学报》,2005年第1期,第37~39页。

三、持续深化习近平新时代中国特色社会主义思想宣传研究阐释

宣传思想工作发挥着为党和国家立心、为伟大时代立传、为社会明德立德、为事业夯基立制、为国家传声立言的重要作用。高校基层党组织要充分认识宣传思想工作的极端重要性，充分发挥高校这一理论研究平台的重要支撑作用，充分开展理论阐释阐发活动，推动习近平新时代中国特色社会主义思想入脑入心，为中国特色社会主义事业提供强大的精神动力和智力支持。

（一）充分认识宣传思想工作的极端重要性

高校党委要坚持守正创新、突出主责主业，切实担当起新时代宣传思想工作的使命任务，推动高校基层各项工作强起来实起来暖起来。高校基层党组织的宣传思想工作做得怎么样，直接影响打通宣传群众、教育群众、服务群众的"最后一公里"，关乎宣传思想工作的质量和成效。当前，随着价值取向、价值观念更趋多元多样多变，一些错误观点的思想沉渣泛起，一些错误思潮不断出现；在大发展大变革调整时期，一些西方国家想尽办法防范压制我国发展；随着互联网新媒体的迅速发展，社会风险向网络空间聚集趋势愈加明显。面临百年未有之大变局，我们正在开展具有许多新的历史特点的伟大斗争，所面临的重大挑战，需要应对的重大困难都是前所未有的，高校基层党组织必须在党委部门的领导下，深刻理解并牢牢把握"统一思想、凝聚力量"[①]这一宣传思想工作的中心环节，凝聚共识，画同心圆，抓住新时代宣传思想工作的根本，把握宣传思想工作总体趋势，推动高校宣传思想工作开拓新局面。

（二）充分发挥理论研究平台的支撑作用

"文化是一个国家、一个民族的灵魂。"[②] 高校基层党组织要大力开展马克思主义理论，尤其是习近平新时代中国特色社会主义思想研究，将高校的学科优势充分发挥，将高校的智力优势充分释放，特别是要对习近平新时代中国特色社会主义教育思想的深刻内涵、科学体系、时代意蕴和实践指向加以深刻把握，推进新思想从理论体系转化为教材体系，由教材体系转化为教学体系。要

---

① 习近平著：《论党的宣传思想文化工作》，中央文献出版社，2020年，第338页。
② 习近平著：《决胜全面建成小康社会 夺取新时代中国特色社会主义伟大胜利——在中国共产党第十九次全国代表大会上的报告》，人民出版社，2017年，第40页。

切实统筹和创新教学目标、内容、重点、方法、载体等,增强教育教学的理论性、实践性,增强大学生获得感。大力开展理论研究,推进协同研究中心、特色新型智库建设,聚焦一批课题开展联合攻关,形成一批高水平的理论成果。科研主管部门要在哲学社会科学各级科研项目中,鼓励支持新思想新论断新观点与学校党建工作、思政工作相融合的课题研究和立项工作,推出一批高质量、有分量、有影响力的学术研究成果。

(三) 充分运用理论阐释阐发的引导功能

"时代是思想之母,实践是理论之源。"[①] 理论必须运用到实践中去检验,而科学理论一经掌握群众,就会变成强大物质力量。习近平新时代中国特色社会主义思想充分彰显了当代中国马克思主义的理论特质,精准采撷了当代中国马克思主义的原创性、革命性成果,多维度提供了当代中国马克思主义的学理支撑,掌握新思想新论断的人民群众越广泛越充分越深入,就越能迸发出推动当代中国发展进步的实践伟力。高校作为理论的创造地和集散地,承担着理论研究阐释阐发的重要职责,必须组织精干力量,在理论的研究、传播、普及上下足功夫,让人民认识规律更加深刻,掌握规律更加自觉,在工作、生活和学习上运用规律更加主动。

第三节 加强和改进高校思想政治工作

"高校抓住了、抓好了思想政治工作,就能沿着正确方向前进;放松了、丢弃了思想政治工作,就会迷失方向。"[②] 思想政治工作是立德树人的最重要抓手,必须抓紧抓实,抓出成效。"育才造士,为国之本。"[③] 高校思想政治工作是在党和国家路线、方针、政策的正确指引下卓有成效开展的一项长期性、战略性、基础性的工程,关乎"为谁培养人、培养什么人、怎么培养人"这个根本问题,在教育主管部门、高校领导、思政课教师、辅导员等教育主体的不

---

① 习近平著:《决胜全面建成小康社会 夺取新时代中国特色社会主义伟大胜利——在中国共产党第十九次全国代表大会上的报告》,人民出版社,2017年,第26页。
② 新时代高校教育管理实务编委会编:《新时代高校教育管理实务》,中国地质大学出版社,2022年,第5页。
③ ③任初轩编:《中国文化优势十八讲》,人民出版社,2022年,第261页。

懈努力下,在大学生群体的勤学励志、求真力行下,取得了丰硕成果、显著成效,令高校师生培育了良好的政治素质,形成了良好的道德品质,坚持了正确的价值取向,塑造了良好精神风貌,养成了优秀行为习惯。

一、落实立德树人根本任务,培养中国特色社会主义事业建设者和接班人

立德树人,就是要以德立身、以德润身、以德服德、以德育德,把"德"作为育人的前提和最重要标准。新时期进一步加强和改进高校思想政治工作,需要在立德树人、德智体美劳全面发展、在青春实践方面持续发力,久久为功。

(一)把培育德智体美劳全面发展的社会主义建设者和接班人作为根本目标

教育要发挥"四为服务"功能,青年大学生要成为堪当民族复兴重任的时代新人,必须从德智体美劳五个维度勤于修身、乐于付出、善于奋斗。从人才成长及奉献社会的自然规律来看,德是前提,智是基础,体是保障,美是支持,劳是动力,五个维度既相互连接,更环环相扣,构成新时代青年大学生培育的五个基本要素,青年大学生要自觉把成为德智体美劳全面发展的人作为成长目标,作为发展追求,这样我们的民族才能永远健康向上、永远充满希望。但必须强调的是,国无德不兴,人无德不立。德才兼备,德是第一位的。"才者,德之资也;德者,才之帅也。"[①] 高校基层党组织要把坚持立德树人作为办学的根本任务,作为检验学校发展的标尺和准绳,将立德树人内化到学校教育管理服务的各领域、各方面、各过程。

(二)在德智体美劳培育过程中下功夫

德智体美劳是新时代青年大学生的成长目标,要从六个方面下足功夫。要在坚定理想信念上下功夫,即是要求筑牢精神之基,补足精神之钙,自觉树立与祖国、与民族、与人民同心同向同行的理想信念,立志担负振兴中华的时代重任;要在厚植爱国主义情怀上下功夫,即是要增强爱国意识,激发爱国情

---

① 中共中央宣传部、中央广播电视总台著:《平"语"近人:习近平总书记用典》,人民出版社,2019年,第214页。

感，培育爱国实践，把小我融入大我，青春奉献祖国，奋斗永不言止，自觉砥砺爱国情强国志报国行；要在加强品德修养上下功夫，即是要明大德守公德严私德，以德领才、以德蕴才、以德润才，学会知恩、感恩、报恩，遵守法纪，遵守公约；要在增长知识见识上下功夫，学习是大学生的首要任务，要勤于学习、乐于学习、善于学习，读有字之书的同时善于读无字之书，让勤奋学习为青春远航提供源源不断的动力，让增长本领为青春的搏击提供持续能量；要在培养奋斗精神上下功夫，即是要立大志、担大任，要在艰苦奋斗的革命、建设、改革的发展征程中汲取奋进力量，始终保持奋斗的姿态，以行求知、以知促行，自强不息、勇往直前；要在增强综合素质上下功夫，即是要从政治素养、学习能力、劳动实践、身体素质、艺术修养等方面持续用力，加强综合素质提升，成为有创造力的新时代大学生。

（三）在火热的青春实践中实现人生价值

"一代人有一代人的使命，一代人有一代人的担当。"[①] 社会是一个大熔炉，也是一个大染缸，大学生融入社会就是大浪淘沙、淬炼真金的过程。习近平总书记指出："青年是整个社会中最积极、最有生气的力量，国家的希望在青年，民族的未来在青年。"[②] 广大青年要积极响应党的号召，继续不骄不躁、艰苦奋斗，开拓进取、锐意创新。当前，世界正经历百年未有之大变局，大国战略博弈全面加剧，国际秩序深刻调整。现代科学技术迅猛发展，信息技术、人工智能、生物医药、新能源、新材料等科学技术交义融合，新一轮科技革命和产业革命正加快重塑世界。与西方发达国家相比，我们在一些关键领域仍存在"卡脖子"问题，党和国家对高等教育、科学知识和卓越人才的需要比历史上以往任何时候都更加迫切、更加强烈。青年大学生要认清自己、找准定位，在国家"急难愁盼"的行业、领域以"功成不必在我、功成必定有我"的宽广大度和高尚情怀，以青春之我，创建青春之国家、青春之民族。前进的道路上会遇到荆棘密布、暗礁险滩，青年要有逢山开路遇水架桥的意志，为了创新创造而百折不挠、勇往直前。

（四）做深做实网络思想政治教育

互联网是当前和今后一段时间意识形态领域斗争的主阵地和最前沿，网络

---

① 参见中国纪检监察报社评论部编：《党的十九大以来全面从严治党新观察》，人民出版社，2019年，第18页。

② 习近平著：《在纪念五四运动100周年大会上的讲话》，人民出版社，2019年，第6页。

意识形态工作是意识形态工作的重中之重,成为影响党和国家政治安全和社会稳定的重要变量。高校作为思想高地,师生群体思想开放、主动积极,大学生群体更是"社会新人类",是"网络原住民"。做深做实网络思想政治教育工作,是加强和改进网络意识形态工作之需,是培养社会主义建设者和接班人之需,是实现中华民族伟大复兴之需。一是从高校党委宏观角度来看,要坚持以习近平新时代中国特色社会主义思想为指导,按照正能量是总要求、管得住是硬道理、用得好是真本事的工作思路,充分发挥制度体制优势,统筹网上网下两条战线,让党的声音成为网络空间最强音;强化网络阵地建设,牢牢掌握意识形态工作领导权管理权话语权,使互联网这个最大变量成为事业发展的最大增量,切实巩固党的执政根基,维护国家政治安全和政权安全。二是从高校职能部门推进的中观角度来看,要强化大学生网络思想政治教育,开展大学生网络文化节、易班嘉年华、准大学生成长计划等师生喜闻乐见的网络活动,大力推进校园网络思想政治教育,积极构建以易班为主体,以校、院两级微信、微博、抖音、快手等新媒体平台为支撑的"一体双翼"网络思政工作格局。三是从大学生群体的微观角度来看,大学生群体要学会正确看待网络是非,分清网上主流支流,辨析网上突出问题,动态感知网络态势;合理利用海量网络资源,汲取奋进力量,杜绝网络成瘾,化被动为主动,端正网络行为,走好新时代网上群众路线。

二、深化思政课改革创新,高质量办好新时代学校思政课

青年大学生处于人生的"拔节孕穗期",处于"扣好人生的第一粒扣子"①的关键期,需要用心栽培。发挥着启智润心、培根铸魂的重要作用。习近平总书记在学校思想政治理论课教师座谈会上的重要讲话,为思政课建设指明了前进方向、提供了重要遵循。高校特别需要在课程体系、队伍建设、工作格局、改革创新、条件保障等方面采取有效措施,解决突出问题,让思想政治理论课活起来、立起来、实起来,真正成为落实立德树人根本任务的主阵地。

(一)不断完善思政课程教材体系

一是大力推进"思政课程"改革。深化思政课改革创新,抓实课堂教学主

---

① 习近平著:《做党和人民满意的好老师——同北京师范大学师生代表座谈时的讲话》,人民出版社,2019年,第6页。

阵地,加强以习近平新时代中国特色社会主义思想为核心内容的思政课程群建设,按照课程一体化建设原则,遵循学生认知规律,落实马工程重点教材进课堂、进头脑,让党的创新理论"飞入寻常百姓家";高等学校必须在人财物等方面优先支持思想政治理论课和马克思主义理论学科建设,强化课堂教学主阵地管理和质量工程建设,通过教研活动、集体备课、学情检查等,保证教学活动有效开展;同时严格教材审查,确保无意识形态方面问题,让思政课堂成为党的理论和路线方针政策的播种机、试验田。二是大力推进"课程思政"建设,认真贯彻教育部等八个部门关于加快构建高校思想政治工作体系的意见,分解任务台账,逐一明确责任领导、牵头单位、时间进度,坚决贯彻落实;积极开展"课程思政"示范专业、示范教学团队、示范课程和教学名师培育建设,激发非思政课程教师和学生的"双主体"动能,对课程思政进行系统规划和整体设计,人才培养方案制定过程将思政元素融入课程设计、教学过程、教学反思,坚持历史与现实、理论与实践、课上与课下、校内与校外结合,在教学理念、教学手段、育人方法上不断创新,淘汰无聊灌水的"水课",打造终身受用的"金课"。三是要大力推进"思政课程"和"课程思政"协同建设。积极探索互联网、问题链、办学特色三位一体的"思政课程"和"课程思政"协同研究和实践,实现所有教师必挑"思政担",所有课程讲出"思政味"。

（二）不断配齐建强思政课教师队伍

一是加强人才外引内培。要高度认识教师的极端重要作用,高度重视思政课教师队伍建设,把引入高质量高水平思政课教师纳入党政议事日程,每年制订准入、培养计划,确保建立数量充足的思政课教师队伍。二是注重政策倾斜扶持。高校党委必须严格落实思想政治理论课教师入编,提供专项经费支持教师开展国内及赴国外考察调研;改革评价机制,将教学获奖、教改情况纳入年终考核,将在党报党刊、主流媒体发表文章纳入职称评审分类定级;思政课教师按标准发放岗位津贴,把思政课教师作为干部队伍重要来源。三是强化队伍培训培养。进一步完善思政课教师培训机制,积极组织思政课教师参加"四史"融入思政课、周末理论大讲堂等培训活动,邀请专家来校报告,选送教师参加研修,提升育人效果;以示范教学科研团队项目为抓手,组织开展教学竞赛、教学观摩、读书沙龙等活动,建成富有特色和优势的教学科研团队;组织成立教师宣讲团,围绕党史等主题开展理论宣讲,在实践中不断提升教师育人能力,打造实现中华民族伟大复兴的播种机、宣传队。

（三）不断提高思政课教学质量

高校要借助教育部周末大讲堂平台，以"坚持政治性和学理性相统一"[①]"坚持价值性和知识性相统一"[②]"坚持建设性和批判性相统一"[③]"坚持理论性和实践性相统一"[④]"坚持统一性和多样性相统一"[⑤]"坚持主导性和主体性相统一"[⑥]"坚持灌输性和启发性相统一"[⑦]"坚持显性教育和隐性教育相统一"[⑧]这"八个统一"为标准，积极组织思政课教师参加集体备课说课和参加教学观摩活动，积极组织教师参加全国思想政治理论课展示活动，在备赛、参赛、观赛中提升教学能力。认真落实高校校党委书记、校长坚持每年讲授不少于8学时思政课（可重点讲授形势与政策）要求，将书记、校长讲思政课纳入行课计划和安排，书记、校长要认真备课、亲自备课，确保思政课讲出"思政味"，通过面对面授课方式，提升课堂主阵地教育的正面引导作用。做深做实马克思主义理论学科建设，把马克思主义理论学科作为重点学科建设，认真应对学科评估，确保马克思主义学科长青。鼓励高校教师参与开展习近平新时代中国特色社会主义思想社科课题立项、研究，努力产出一批代表性强、学术影响大的科研成果并运用至课堂教学中，提高教学的前沿性、科学性。

三、大力推进"三全育人"综合改革，打通育人"最后一公里"

"培养什么人、怎样培养人、为谁培养人"[⑨]是思想政治教育要解决的根本问题和首要问题，高等教育必须坚持育人导向和问题导向，围绕国之大者，服务国家战略需求，树立一流意识，聚焦"创新创业人才、卓越人才、精英人才、国际化人才"培养，持续培养卓越拔尖创新人才。要坚持强基础、突重点、建规范、定责任，推动各领域、各环节、各方面的育人资源协同、贯通与融合，构建以"十大育人"体系为基础的育人新格局，一体化构建学校思想政

[①] 习近平著：《论党的青年工作》，中央文献出版社，2022年，第191页。
[②] 习近平著：《论党的青年工作》，中央文献出版社，2022年，第191页。
[③] 习近平著：《论党的青年工作》，中央文献出版社，2022年，第192页。
[④] 习近平著：《论党的青年工作》，中央文献出版社，2022年，第193页。
[⑤] 习近平著：《论党的青年工作》，中央文献出版社，2022年，第193页。
[⑥] 习近平著：《论党的青年工作》，中央文献出版社，2022年，第193页。
[⑦] 习近平著：《论党的青年工作》，中央文献出版社，2022年，第194页。
[⑧] 习近平著：《论党的青年工作》，中央文献出版社，2022年，第194页。
[⑨] 习近平著：《思政课是落实立德树人根本任务的关键课程》，人民出版社，2020年，第9页。

治工作体系，培养具有家国情怀、人文素养、创新精神、实践能力、国际视野的高素质人才和德智体美劳全面发展的社会主义建设者和接班人，形成全员全程全方位育人格局。高校基层党委要发挥总揽全局、协调各方的作用，调动一切可以调动的力量，调配一切可以调配的力量，着力在以下三个方面持续用力。

（一）全员育人要形成有效合力

"三全育人"综合改革牵涉到学校工作的每个方面、每个环节，需要举全校之力共同推进。高校党委要注重运用辩证思维、系统思维、创新思维和底线思维，系统推进课程育人、科研育人、实践育人、文化育人、网络育人、心理育人、管理育人、服务育人、资助育人、组织育人体系建设，坚持把"三全育人"摆在全局工作突出位置，成立"三全育人"综合改革领导小组，形成"党委统一领导、党政齐抓共管、职能部门组织协调、二级单位具体落实、全校各方积极参与"的"大思政"工作格局。担负"十大育人"体系建设主要责任的牵头单位必须带头推进，协同参与建设的单位要积极配合，定好方案、做好工作、做好总结。最重要的是要发挥教师立德树人的极端重要作用，引导全体教职工既"教书"，更"育人"；既当"经师"，更做"人师"，推动知识传授、能力培养与理想信念、价值观塑造的有机结合，守好一段渠，种好责任田，实现育人全担当。

（二）全程育人要实现有序衔接

"三全育人"综合改革是一项系统工程，既需要加强顶层设计、组织领导，更需要层层推进、全员参与，必须逐级明确要求、人人扛起责任、处处狠抓工作落实。高校党委要紧扣"宏观制度设计、中观贯彻执行、微观评价实施"，统筹推进"三全育人"相关制度拟定、过程协调、监督考核和成果验收，持续完善学校体制机制和内部治理体系，建立长效机制，将"三全育人"综合改革、立德树人贯穿于学校教育教学各环节和学生成长成才全过程，实现育人目的、育人手段和育人效果有机统一，推进"思政+"贯通与融入深度发展，使"三全育人"综合改革更好地适应和满足学生成长诉求、时代发展要求。要继续完善体系、充实内涵、延伸渠道、创新载体、优化环境，切实提升育人能力，打通育人"最后一公里"，实现育人全贯通。

（三）全方位育人要达成有机联动

"三全育人"综合改革是一项战略工程，要始终遵循思想政治工作规律、教书育人规律、学生成长规律，注重学生的差异性、主动性和选择性，强化理论创新、举措创新和制度创新，推进各个来源、各个领域、各个类型、各个层次、各个专业、各个个体的思想政治工作元素共生共融。深入挖掘各群体、各岗位的育人元素，高校各单位要围绕任务分工，出台"十大育人"相关建设方案并推进落实文件，精心制定具体措施，细化实施路径和工作任务，列出责任清单，明确时间进度，制定考评办法及激励管理制度，将立德树人覆盖到课上课下、网上网下、校内校外，着力构建"试点学校、试点学院、试点专业、试点研究生导师团队、试点管理服务岗"示范育人体系，形成育人工作合力，实现目标同向、载体同建、资源同享、节奏同步，推动育人全覆盖、全融合。

四、坚持培育和践行社会主义核心价值观

社会主义核心价值观对大学生树立正确的世界观、人生观、价值观有积极的促进作用，对精神文明创建和砥砺爱国情、强国志、报国行有积极的引领作用。"富强、民主、文明、和谐"在社会主义核心价值观中属于最高层次，属于社会主义现代化的目标旨归。国家富强，民族振兴，人民才能幸福。"自由、平等、公正、法治"是对美好社会的表述，也是我们党矢志不渝、长期实践的核心价值理念，准确地概括了党的核心价值观和对人民的伟大承诺。"爱国、敬业、诚信、友善"是对人民应恪守道德规范的基本要求，也是对个人秉守的价值观的匡正及引导。在新时期大力培育和践行社会主义核心价值观，要加强思想引领，要勇于实践，要营造良好氛围，引导大学生既"正领子"，又"扣扣子"，更"净里子"。

（一）开展"扣扣子"计划，筑牢大学生理想信念

社会主义核心价值观是青年大学生共同的价值取向和行动遵循，社会主义核心价值观是围绕国家、社会、公民三个层面的价值观追求，是国家发展、社会进步、个体完善的基本价值判断与价值选择标准。社会主义核心价值观高屋建瓴、高瞻远瞩地把国家、社会、个人三者统一于社会主义现代化建设的伟大进程之中。落细落小到大学生群体的社会主义核心价值观培育和践行，要进一步采取主题宣讲、专题辅导、学习大讨论等形式，在学生中唱响坚定理想信

念、勇于追梦圆梦的主旋律。要通过主题党日、团日、班会、报告会、座谈会、知识竞赛、征文比赛等形式使大学生全面把握社会主义核心价值观的内涵和精神实质,引导大学生产生共鸣、达成共识,把教育实践引向深入。要大力开展体验式实践活动,结合党员服务站、毕业生离校感恩教育、社会实践、志愿服务等形式,让"我学习、我践行、我奉献、我成长"成为思想自觉和行动自觉。

(二)大力推进精准思政,夯实社会主义核心价值观思想认同

一是高校基层党组织要根据中央精神和上级要求,继续从制度和规划角度,做好制度安排和顶层设计,结合时代特征和新要求,结合学校实际,细化培育和践行社会主义核心价值观的具体举措,深入开展"大学生思想引领计划"。二是大力推进精准思政,依托社会主义核心价值观培育践行计划、大学生思想政治教育特色项目,坚持"校、院、班、寝"四级思想政治教育模式,大力推行校级"一月一主题"的日常思想教育活动品牌;院级日常思政特色教育突出学科专业特点,集思想性教育性于一体;班级实践教育突出学生的自主性;突出"一站式"学生社区建设,实现学生思想引领新模式,不断夯实社会主义核心价值观思想认同、情感认同和行动追寻。三是积极打造"家"文化,开展"温馨服务站""亲情驿站""谈心屋""爱心结对"等活动,引导学生自我教育、自我管理、自我服务;立足学校专业特色和学生的专业特长,搭建社会实践、志愿服务、劳动体验平台,进一步推进社会主义核心价值观培育提质增效,达到入耳入脑,入心入行的目的。

(三)大力营造培育和践行社会主义核心价值观的校园氛围

环境因素是一个组织的活动或服务管理中能与主体发挥相互作用的要素,正面积极的要素有助于客观事物的发展,反之则起阻碍作用。高校应积极营造昂扬向上的校园文化氛围,将社会主义核心价值观融入办学理念,融入人才培养目标,融入办学治校实践,提高办学水平,提升育人质量。高校要深入挖掘中华优秀传统文化、优秀行业文化和校史文化,以大学生喜闻乐见的"道德模范进校园""高雅艺术进校园"和"行业文化精神进校园"及文艺晚会、迎新活动、社团活动等为载体,在教育管理服务、大学精神阐释阐发及校风教风学风建设中融入其积极元素,从而打造感染人、引导人、激励人的良好氛围。高校还要充分利用传统媒介和新兴媒介相结合形式,既在传统的网页、橱窗、海报、展板、广播等平台宣传社会主义核心价值观内容,又利用微信、微博、抖

音、快手等新媒体加强社会主义核心价值观宣传覆盖，增强传播力和感染力。要着力将社会主义核心价值观融入校园物质文化景观，建设文化墙、文化石等，让师生在潜移默化中接受社会主义核心价值观熏陶。

第四节　健全高校办学治校体制机制

健全的高校体制机制是激发高校改革发展内生动力，是激活"一池春水"的重要引擎。高等教育经过长期的发展，体制机制更加完善、办学资源更加充足、师生精神更加主动。中国特色社会主义进入新时代，高校必须站在实现中华民族伟大复兴的战略全局，站在世界百年未有之大变局的现实境遇，结合世情、国情、党情、校情等革新体制机制，革新教育理念，革新办学思路，革新育人模式，特别是要着力革除人才外引内培、办学治校运转、教育教学评价等方面的顽瘴痼疾，不断促进办学治校和育人质量提质增效。

一、切实推进教师队伍培养模式创新

高校基层党组织要实施教师在信念、师德、教学、实践、学术方面"过关"计划，坚持开展"互联网＋"教师思想状况调研工作，精准了解教师思想动态，切实增强教师思想政治工作的针对性和实效性，加强青年教师政治理论学习、形势政策、职业理想和职业道德教育，完善师德师风考核。加强课堂教学建设管理，健全教学纪律约束机制，坚决落实教师课堂第一责任人、教师教学工作规范等制度，坚持课堂讲授守纪律、公开言论守规矩，划定课堂教学意识形态安全底线和红线，落实领导、同行听课制度，适时掌握课堂教学情况。组织开展"最美教师""最美教案"等评选，通过教职工荣休典礼、新进教师宣誓和教师节献花慰问活动，积极营造尊师重教文化氛围。实施教职工文体活动计划，关爱教师身心健康。实施"家文化"建设计划，建立困难职工档案信息库，设立"教职工爱心互助金"，让教师们在"家"的温暖中坚定理想信念。拓展教师社会实践平台载体，支持教师深入基层开展定点帮扶、理论宣讲、挂职锻炼等社会实践活动，拓宽视野，提升能力。

二、强化办学体制及管理服务革新

高等教育是一项合规律性、专业性、科学性的实践活动。高校办学体制机制的不断革新是新时代高等教育发展的时代之需，是培养担当民族复兴大任时代新人的历史之需，是实现中华民族伟大复兴的未来之需。高校党委要在党建与思想政治、意识形态工作、中长期发展规划、推进教育现代化、建设教育强国等宏观方面做出总体部署和战略设计。高校党委要围绕人才培养、教育培育、管理服务、机构改革调整、对外交流合作、安全稳定等中观方面形成行之有效的管理体制，确保运转有序。高校党委在制定政策的过程中要充分开展舆情民意搜集，结合学校事业发展实际，广泛开展调研，充分征求师生意见建议，确保政策措施和工作方向符合国家相关规定、符合学校改革发展需要、符合广大师生利益需要，做到既注重师生的利益诉求和现实需要，又注重师生的方向引领和价值引导，同时引导师生将个人小我融入学校、社会和国家发展的大我中，引导师生与时代同发展、与祖国同奋进。

三、大力解决教育评价指挥棒问题

时代发展每前进一步，理论创新就要跟进一步。教育改革永远只有进行时，没有完成时。习近平总书记指出，教育的指挥棒"在高校主要是科研论文，关于德育、素质教育的应有地位和科学评价体系没有真正确立起来。这是一个必须解决的老大难问题"[①]。中国教育评价体制的遗留问题是历史与现实因素共同造成的，需要多做实功，不做虚功，不能调门高，表态多，要沉下底，落到实。要彻底改变以考核分（考核等级）评教师、以考试分数评学生、以升学率评学校的单一测评方式。高校基层党组织要坚决克服"五唯"顽瘴痼疾，啃下"破五唯"这块"硬骨头"，切实解决教育评价指挥棒、风向标这一突出问题。对于高校，要以学校执行国家教育方针、课程方案的坚定性，学生发展程度的增值性，基于学生发展或感受的综合性，学习负担承受性及社会行业认可性等作为评价指标，让高校既重智育也重德育，让学生全面成长。对于学生的评价，除了分数、知识、能力标准，还应包括德、美、体、劳等系统评价指标，共同构建"五育并举"的全面培养体系。

---

① 习近平著：《论坚持全面深化改革》，中央文献出版社，2018年，第472~473页。

第五节　牢牢掌握高校意识形态领域领导权

意识形态工作是党的一项极端重要的工作，关乎旗帜、关乎道路、关乎政治安全。高校人才齐聚，师生思想活跃，是意识形态领域斗争的前沿阵地，更承担着培养担当民族复兴重任的时代新人的使命任务，必须压紧压实高校校院两级党委责任，把好导向、管严阵地、建强队伍，确保意识形态工作领导权牢牢掌握在忠于党、忠于人民、忠于马克思主义的人手里，筑牢高校政治安全的底线。

一、始终以高度的政治自觉压紧夯实意识形态工作责任

上面千条线，下面一根针。压紧夯实意识形态工作责任的落实在于基层，高校基层党组织要接受层层压力传导，加强组织领导和统筹协调，认真履行做好意识形态工作的职责使命。

（一）坚持将意识形态工作作为党建和政权建设的重要内容，与政治建设、文化建设、校园建设同部署、同落实、同检查、同考核

高校党委必须坚持把意识形态工作纳入学校整体工作中，与学校中心工作和全面深化改革同部署同推进同检查同考核，定期研究分析解决推进过程中存在的问题，确保意识形态工作作为党的建设和政权建设的重要内容不偏移。坚持每年至少对意识形态工作进行一次督查，每半年至少专题研究一次意识形态工作，及时向上级党委部门报告意识形态领域的重大情况，并适时视情提出建设性意见。领导班子成员要把意识形态工作情况作为民主生活会和年度述职报告的重要内容，接受监督和评议。党委落实意识形态工作责任制要纳入党建工作考核、绩效考核、文明创建考核等，倒逼压紧夯实意识形态工作责任的压力。学校各分党委、党总支也要对本单位意识形态工作进行督查。

（二）党委书记始终站在意识形态工作第一线，认真落实领导班子成员"一岗双责"

高校党委必须不断完善意识形态工作责任制实施细则和网络意识形态工作

责任制实施细则，明确学校党委的主体责任、党委书记的第一责任和其他领导班子成员的"一岗双责"。坚持落实校党委书记是学校意识形态工作的第一责任人身份，坚持带头抓意识形态工作，带头把好导向、管严阵地、建强队伍，带头批评错误观点和错误倾向，确保方向正确，导向鲜明。定期组织召开党委常委会或宣传思想工作领导小组会议，研究解决意识形态领域内存在的问题，组织制定落实意识形态工作责任制度和阵地管理制度。各二级党组织书记是本单位意识形态工作的第一责任人，按照"党政同责"原则，行政主要领导对本单位意识形态工作负重要责任。

（三）形成分析研判意识形态工作制度

高校党委要坚持制度化专题化研究意识形态工作，党委部门定期分析研判意识形态工作要形成制度。学校宣传思想文化工作领导小组坚持每季度研判一次意识形态工作，学校党委和宣传思想文化工作领导小组要定期专题分析研判意识形态工作。

二、把好导向，确保意识形态工作坚持正确方向

毛泽东指出，"主义譬如一面旗子，旗子立起来了，大家才有所指望，才知所趋赴"①。方向就是旗子问题，就是主义思想，管好导向，把准方向问题，是压紧夯实意识形态工作责任必须首要解决的问题。

（一）落实哲学社会科学讲座、论坛、报告等"一会一报""一事一报"制度

高校基层党组织要严格实施关于加强和改进新形势下哲学社会科学课堂教学、报告会、研讨会、讲座、论坛、网络和接受境外基金资助等管理制度，按照"谁主办，谁负责，谁审批，谁监管"原则，在对主讲人进行政治审核，以及主讲人借用教室、学术报告厅场地等过程中，必须落实主管部门签字、备案、审定制度，坚持实行哲学社会科学报告会、研讨会、讲座、论坛等"一会一报""一事一报"。强化督查机制，加强哲学社会科学讲座、论坛、报告会等会务的过程监督，主办单位保证有负责人跟听，若发现报告人或参加人有错误

---

① 中共中央文献研究室编：《毛泽东年谱（1893—1949）（修订本）（上卷）》，中央文献出版社，2013年，第70页。

思想政治倾向问题和错误观点的，主持人、主办和承办单位负责人及时反驳和制止；情节严重的，立即叫停，并消除不良影响。

（二）坚持马克思主义新闻观，严格执行党的宣传纪律

宣传舆论工作要做到严格遵守马克思主义新闻观，坚持以习近平新时代中国特色社会主义思想为指引，坚持党的领导，提高政治站位，牢牢把握正确舆论导向，唱响主旋律，壮大正能量，围绕中心、服务大局，勇于担当、主动作为。利用新媒体走好党的群众路线、积极开展政策措施解读，借助网络、微信、微博等新媒体走好群众路线，做到贴近师生、贴近生活、贴近实际，主动开展新闻发布。发挥新媒体平台育人功能，利用微信、微博等新媒体平台，权威高效解读国家、学校各项政策制度，普及相关知识。开辟专栏，策划系列新闻报道、专题活动、知识竞赛等板块，采取线上线下活动、"新闻报道＋策划选题＋答题竞赛"相结合方式，提高影响力和覆盖度。

（三）严格规范管理对内对外文化、学术交流及社团工作

严格落实学会和学术交流管理制度，对中外文化交流活动实行监督管理，按照申请报备、批准同意、过程监控、结果反馈等一系列流程开展对内对外文化及学术交流，始终保证导向鲜明、方向正确。学生社团管理，禁止外资赞助，由团委直接领导，指导教师认真指导，充分发挥大学生主体作用，规范学生社团。对各类文化交流、学术交流境内外组织严格监管。学校社科研究机构领导人参加所属二级单位的政治生活，由二级单位党委负责其理论武装和党性教育情况。学校科研处侧重加强培养研究机构领导班子担当作为、奋发进取的工作作风，定期召开工作沟通联席会议，了解研究机构研究进展及研究成果情况，对研究机构的研究经费实行监管。制定实施学会和学术交流管理办法，规定严格的审批报备流程。对外籍专家相关背景、学术交流内容进行严格把关，将学术活动内容、外籍专家简介、活动召开的时间地点等信息报送科研处报批，科研处审批备案后将学术交流信息发布至学校主页学术交流栏目。承办国际学术会议须取得政府主管部门或学会的正式批文，并到主管单位提交申请获得批准后备案。

三、管严阵地，确保意识形态工作阵地建设管理有力

意识形态工作要发挥夯实思想引领、舆论引导、抢占阵地的重要作用，必

须在宣传阵地、舆论阵地、实体阵地上下功夫，做到守土有责，守土负责，守土尽责。

（一）积极开展互联网安全检查，建立严格的新媒体管理制度

加强网络安全管理工作，制定实施学校二级单位网络安全日常工作清单管理制度，明确网络安全管理责任，进一步细化各二级单位网络安全日常管理工作范围，包括网络使用情况、网络信息服务开设情况、各类网络虚拟资源使用情况等内容。建立二级单位日常网络安全工作清单，对各二级单位开设的网站信息系统、固定 IP 地址、QQ 群、微信群，以及微信公众号等内容登记入册情况，进行实地检查，对检查的结果和存在的问题进行记录和通报。制定实施微博、微信、抖音、快手等管理办法，严格实行审核登记备案制度，做到校院两级官方微博微信管理规范有序，确保纳入管理范围，搭建"新媒体矩阵"，不断提升影响力和覆盖面。

（二）强化舆情信息搜集机制建设

舆情发生大多聚集在网络空间，要准确及时做好网络意识形态工作，必须建立网络舆情识别、处置机制，维护高校形象和声誉。学校要制定网络舆情管理制度和舆论危机预防应对机制，应着力从建立教工、学生、社会三个层面的舆情信息搜集机制入手，组织专门力量监管、研判、应对、处置。加强师生网络文明素养教育，培育风清气正的网络环境，积极传播网络正能量。规范学校各类官方及学生自媒体管理和舆论引导。加强网评员队伍建设，做实舆情监测，做好重大活动和热点事件、热点问题的舆论引导。健全"三个面、六条线"意识形态工作巡察机制，始终做到"舆情有人察、阵地有人守、反馈有人管"。

（三）加强网上网下阵地建设管理

高校网络意识形态领域的工作是线上与线下的交织，为做好网络舆情监测的通知工作，加强对校报、校刊及校内广播电视、宣传橱窗、电子显示屏、墙体宣传等阵地的管理建设也极其重要的，必须明确责任主体，健全宣传阵地管理制度，用好管理队伍，确保管理措施到位、管理人员到位。负责部门加强对横幅、海报等宣传内容的审核把关，确保积极向上，弘扬主旋律，传播正能量，做到用语用字规范准确。加大校园新媒体建设力度，建立以微信微博、抖音快手等新媒体平台，新闻网、报纸等传统媒体平台为主要渠道的立体式、全

方位的传播平台。加强对新媒体矩阵建设，加强校内新媒体联盟的互动与联动，繁荣校园宣传。

四、建强队伍，选优配强意识形态工作队伍

做好意识形态工作，归根到底靠队伍、靠人才。高校党委必须高度重视意识形态工作队伍建设，按照政治强、业务精、纪律严、作风正的要求，选优配强宣传思想和意识形态工作队伍。按照马克思主义政治家要求选好配好用好意识形态领导干部；按照脚力认知实践、眼力观察学校、脑力多思善谋、笔力表达传播的标准建好宣传思想文化工作队伍；按照专业化职业化建好辅导员队伍。

（一）选优配强意识形态工作队伍

一是加强意识形态工作领导干部队伍建设。按照"政治强、业务强"的标准和"讲政治、守纪律、有担当"的要求，选优配强宣传思想和意识形态工作部门领导班子，确保忠于党、忠于人民、忠于马克思主义的人牢牢掌握意识形态工作领导权。二是加强宣传思想文化工作队伍建设。组织校园新媒体运营二级单位、宣传部门举行宣传培训、新闻采写分享、舆情分析等活动，通过专家辅导、培训讲座、日常研讨，提高专业化水平。切实解决宣传思想部门机构编制、人员配备、基本待遇、工作条件等方面的实际问题。三是加强辅导员队伍建设。制定并出台辅导员队伍建设与管理实施办法，落实辅导员职称"单设标准、单列计划、单独评审"，实行首席、高级辅导员制度，确保职务职级"双线晋升"，明确辅导员身份和岗位职责，明确辅导员的培养与发展、管理与考核等内容，为辅导员队伍职业化、专业化发展提供制度支撑。强化发展保障，增强辅导员队伍的认同度和归属感。坚持日常教育为主，校内外培训相结合，构建多形式、广渠道的辅导员教育培训长效机制。搭建发展平台，提升队伍建设的长效性。根据辅导员职业能力标准，坚持量化测评与综合评价相结合的原则，健全辅导员队伍的考核评价体系。四是强化基层党组织特别是教研室、研究生党支部在维护主流意识形态中的战斗堡垒作用，发挥广大教职工特别是党员教师在维护主流意识形态中的先锋模范作用。同时选拔部分政治素质高、综合能力强、工作作风好的学生队伍加入网络舆情监测队伍，全天候监测网络舆情状况。

（二）积极开展对从事意识形态工作的相关领导干部及工作人员的教育培训

高校党委要注重将意识形态相关内容纳入党员领导干部教育培训体系，充分利用网络和电化教育手段，积极探索干部网上在线学习、网络培训等方式，充分利用"高等教育管理干部培训平台"，确保每名干部每年完成规定分钟数学习，通过政治素质、师德师风、能力提升等专题培养，强化政治自觉和政治担当。分层次分类组织处级干部、科级干部、党外干部参加党校、专题班、研修班、教育基地等组织的舆情识别、媒介素养等专题培训，通过理论学习与实践体验，增强辨识、应对及处理意识形态领域工作的能力。

（三）加强特殊群体重点群体的管理教育

高校是文化高地，是民族融合和国际交流的场所，必须加强对不同民族、不同区域、不同肤色、不同国籍的特殊群体和重点群体的管理教育。对于少数民族学生，坚持教育与宗教相分离的原则，坚持任何组织和个人不得在学校进行宗教活动；坚持从严加强日常管理，坚持混同住宿，严禁校外住宿，严防宗教思想传播；建立信息员队伍，及时掌握学生思想状况；开展宗教政策宣传学习，引导学生认真遵守法律法规与校纪校规。对于国际学生，坚持教育与宗教相分离的原则，坚持任何组织和个人不得在学校进行宗教活动。坚持从严开展日常管理，严防学生不假离校、夜不归寝，有效防止在校外聚集进行宗教思想传播的情况发生。

第三章 提升高校基层党组织组织覆盖力，打造坚强有力的基层战斗堡垒

党的基层组织是党的肌体的"神经末梢"，是党全部工作和战斗力的基础，对于高等学校而言，就是以坚持党委领导下的校长负责制为前提，各基层组织把党的领导贯穿办学治校、教书育人全过程。习近平总书记强调，"要健全基层组织，优化组织设置，理顺隶属关系，创新活动方式，扩大基层党的组织覆盖和工作覆盖"①。与其他社会组织不同的是，高等学校的党员在教职工层面相对稳定，学生党员虽然流动性较强，但具有较强的周期性，基层组织的设置短期内不会产生较大的变化。因此，高等学校提升组织覆盖力的主要关注点应聚焦于创新组织设置、激发组织活力，最大限度地发挥党支部的战斗堡垒作用和党员的先锋模范带头作用。

第一节 构建科学完备的组织体系

一、高校组织体系设置原则

《中国共产党章程》指出："党政军民学，东西南北中，党是领导一切的。"② 我国高等教育已经进入新时代，党和国家坚持把教育摆在优先发展战略地位，作出了建设世界一流大学和一流学科的重大战略决策，不断加大高等教育投入，高等教育体系逐步健全。高校党委需要按照总揽全局、协调各方的

---

① 习近平著：《在全国组织工作会议上的讲话》，人民出版社，2018年，第13~14页。
② 《中国共产党章程》，人民出版社，2022年，第12~13页。

总原则，发挥领导核心作用，作为团结带领高校师生贯彻党的教育方针政策、落实具体工作任务的战斗堡垒，构建好组织体系，把各项党的工作落实到最基础的神经末梢之上。因此，高等学校组织设置的首要原则就是有利于推进全面从严治党。

《中国共产党章程》第八条规定："每个党员，不论职务高低，都必须编入党的一个支部、小组或其他特定组织，参加党的组织生活，接受党内外群众的监督。党员领导干部还必须参加党委、党组的民主生活会。不允许有任何不参加党的组织生活、不接受党内外群众监督的特殊党员。"[①] 党的组织生活是党的生活的主要内容，它借助党组织开展活动，主要内容为"三会一课"。高等学校本身具有组织管理多目标性的特点，内部外部交互作用较强，在组织管理上具有一定的复杂性。因此，高等学校组织设置需要根据学生、教师的不同身份，形成有助于开展党的组织生活的基本原则。

《中国共产党章程》第三十二条对党的基层组织的基本任务予以明确，强调要组织党员认真学习党的理论和基本知识等内容，对党员进行教育、管理、监督和服务，开展批评与自我批评，提升党员修养，坚定理想信念，维护党员的正确权利，监督党员履行义务。一个组织党员的基本素养如何，先锋模范作用发挥如何与基层党组织的教育管理密不可分，高等学校基层党组织需要充分考虑学生、教师的发展特点，让不同群体在各自领域发挥战斗力，将所有党员的力量凝聚起来，发挥集体效应。

《中国共产党章程》指出："密切联系群众，经常了解群众对党员、党的工作的批评和意见，维护群众的正当权利和利益，做好群众的思想政治工作。"[②] 这是党的基层组织的基本任务之一。高等学校基层党组织的设置，同样要保证群众的覆盖面，每个学生班级、每个教师教研室都有党的阵地。只有符合有利于联系群众的原则，才能将广大师生员工的最大力量团结起来，充分解决师生急难愁盼等问题，共同在改革开放和社会主义现代化建设中贡献自己的聪明才智。

二、高校传统基层组织

高等学校的学生、教师两个群体是党员的主要来源。就学生党员而言，根

---

① 《中国共产党章程》，人民出版社，2022年，第17页。
② 《中国共产党章程》，人民出版社，2022年，第24~25页。

据高等学校的不同层次，主要有专科生党员、本科生党员、研究生党员，组织设置一般以年级、专业等基本单元作为划分，支部书记由辅导员、班主任或学生党员担任，从而便于在一个基本单元内由党组织考察选拔入党积极分子及发展对象。教师党员则主要划分为在职与离退休两个群体，在职教师党员组织设置具有明显的职业特征，如专职教师党员以教研室为基础设置组织，机关行政人员与教学科研辅助岗位的党员则以工作岗位的性质进行组织划分。离退休教职工党员一般会打破职业特征，按照属地管理就近设置组织。以上述方式进行组织设置的高等学校，基本可实现党的组织和党的工作全覆盖。

教师党支部和学生党支部分别设置是高等学校组织设置的主要方式。在新形势下，一方面，教育部党组印发的《普通高等学校学生党建工作标准》（教党〔2017〕8号）明确提出："坚持慎重发展、均衡发展，有领导、有计划地进行；坚持入党自愿原则和个别吸收原则，成熟一个，发展一个。"① 另一方面，《中共教育部党组关于加强新形势下高校教师党支部建设的意见》（教党〔2017〕41号）要求："要按照控制总量、优化结构、提高质量、发挥作用的总要求，统筹协调好党内党外组织发展工作，单列教师党员发展计划，规划好优秀青年教师的发展工作，院（系）级党组织要细化年度教师党员发展工作安排，指导教师党支部切实做好在青年教师中发展党员工作。"② 显而易见，随着高等教育大众化，大学生的数量不断增加，教师体量不断增大，高校基层党组织教育、培养、考察的工作任务日趋繁重，传统组织设置形式逐步显现出一些弊端。

就教师党支部的实际情况来说，扩大的生源使得教学工作量有较大幅度的上升，同时在完成教学任务的其他时间，教师还需要将精力分配到科学研究、学历提升、职称申报等充实和完善自我的活动中。在整个教师群体中，这一问题在青年教师中又显得尤为突出，青年教师刚刚参加工作，还处于由学生身份向教师身份的转变阶段，对其来说，教学工作挑战较大，且面对高等学校普遍实施的"非升即走"政策，青年教师科学研究、项目申报的压力不断加码，完成基本工作已经应接不暇，由此青年教师加入党组织的意愿并不突出。教研室的教学骨干、科研骨干是最具代表性的群体，其本应当在党务工作中发挥中坚力量，但党务工作往往被认为是额外负担，由于组织生活内容简单化、单一

---

① 中共教育部党组：《中共教育部党组关于印发〈普通高等学校学生党建工作标准〉的通知》，http://www.moe.gov.cn/srcsite/A12/moe_1416/moe_1417/201703/t20170310_298978.html。

② 中共教育部党组：《中共教育部党组关于加强新形势下高校教师党支部建设的意见》，http://www.moe.gov.cn/srcsite/A12/moe_1416/moe_1417/201708/t20170823_311692.html。

化，基本依靠读读文件、学学精神就满足，因而普遍不能与其业务工作结合，甚至有时还因为工作任务多，过于繁忙，连基本的组织生活时间都无法保证。"业务工作是生产力、党务工作是锦上添花"的认知在教师党支部仍显突出，教师们更愿意花时间探讨业务、研究项目，取得立竿见影的效果，党建工作的创造力、凝聚力并没有在具体工作中形成合力，导致教师党支部涣散，党建工作流于形式。

就学生党支部而言，其主要群体由学生党员构成。其特点是入党时间普遍较短，对党的理论、党的知识掌握较浅，理论学习的组织水平差异化较大。一般而言，经验丰富的辅导员或班主任可以结合学生思想政治教育工作开展较为生动的活动，以便于学生党员更好地接受党的理论学习。而经验尚浅的辅导员或学生支部书记自己的理论储备有限，尚处于继续引导逐渐成熟的阶段，对于学生党员的先锋模范作用实现路径尚未考虑周全，其组织内部学习效率就会较低，对党的知识处于"学到学完即可"的状态。加之学生党支部因为毕业党员转出造成流动性大，准毕业学生党员外出人数较多等现实困难，大部分学生党员往往未经过严格的组织锻炼，组织感召力、凝聚力偏低。另外，由于学生规模的扩大，学生党支部会面对大量入党申请人、积极分子的培养、考察任务，对于本身管理工作纷繁复杂的辅导员、学习任务较重的学生来说无形中增加了许多的工作量，甚至也会导致一些发展党员程序不规范、随意简化程序等现象出现。

《中共教育部党组关于加强新形势下高校教师党支部建设的意见》对教师党支部的设置提出了"有利于发挥党支部战斗堡垒作用和党员先锋模范作用，有利于开展党员教育、管理、监督和服务，有利于密切联系师生，有利于促进业务工作的原则"[①]，这"四个有利于"为高等学校进一步优化组织设置提供了基本依据，且提出了一些具体的实现路径，如"重大项目组、学科组、课题组、创新团队、科研平台、中外合作办学项目和机构"[②] 等，一部分高等学校也开始做出尝试，并取得了一定的建设效果。

---

① 中共教育部党组：《中共教育部党组关于加强新形势下高校教师党支部建设的意见》，http://www.moe.gov.cn/srcsite/A12/moe_1416/moe_1417/201708/t20170823_311692.html。
② 中共教育部党组：《中共教育部党组关于加强新形势下高校教师党支部建设的意见》，http://www.moe.gov.cn/srcsite/A12/moe_1416/moe_1417/201708/t20170823_311692.html。

三、高校新型基层组织

在全面从严治党的新形势下，高等教育改革发展面临"双一流"建设等挑战，教师教学科研更加对标国家重大需求与行业需要，学分制改革带来的同班不同学等学习生活的新变化，使许多高校开始打破传统的组织设置形式，给高校党的建设注入了新的活力。

高等教育的首要职能是人才培养。习近平总书记提出："要努力构建德智体美劳全面培养的教育体系，形成更高水平的人才培养体系。"① 高校对学生党支部进行创新设置可从以下几个方面进行考虑：一是以学科专业为依托。高校的学生群体与组织构成，无论是行政班、行课班混合，或是辅导员主导的，都鲜明地刻画出年级层面的横向结构形式，虽然连接性强，工作开展集中，但其组织形式变动快，较难保持传统和特色。高校学生党支部应扩大"专业党支部群"的构建，使专业学生支部、教师支部组成相对稳定的一个集群，以共同专业、学科背景强化组织吸引力，突破传统组织单一、缺少专业支撑的尴尬局面，加强党员之间的专业思想和学术交流，进一步营造浓厚的学术学习气氛，将专业精神有机融合到基层组织特色。学生以党支部或党小组为基本单位参加学科竞赛、技术创新，这本身就是一种创新拓展，党建工作也在这种互动中取得良性发展。二是以研究团体为依托。当前高校研究生比例不断扩大，传统的年级、班级基础上的研究生支部，党员大都分散在各个研究所、实验室，党员之间只有开展党组织生活的时候有简短交流的机会，可进一步结合研究生的研究方向，以独立的研究团体吸纳各个年级的研究生党员，扩大支部科研育人、学风建设等方面的功能，邀请导师参与党组织生活，党员围绕科研任务、突出特色开展支部生活，将科研训练、党建工作有机融合。三是以学生团体为依托。进一步打破不同教育程度学生党员的内部交流，在学生会、研究生会、社团联合会、学科背景下的兴趣团体中设置党支部，将党建工作延伸到学生社团组织，在学生社团中树立党的旗帜，发挥学生骨干的示范带头作用和服务学生、促进和谐方面的积极作用。

借助高校的学术组织在科研工作中的先锋作用，一些高校开始打破单一的教研室教师党员构建支部的传统方式，多学科、多领域的教师党员往往在一个科研团队或是研究平台、重点实验室之中，这样的做法可以达成中心工作在哪

---

① 习近平著：《习近平著作选读（第二卷）》，人民出版社，2023年，第203页。

里，党建工作就覆盖到哪里的工作目标。这种新型党支部的功能具有多样性，可以围绕国家重大项目、高水平论文发表、创新人才培养等工作充分发挥战斗堡垒作用。在党支部的领导和组织下，研究型的教师党支部可以不断调整和优化学科布局，进一步实现多学科联合攻关，组建年龄合理、技术过硬的科研攻关梯队，将"坚持党对一切工作的领导"落地落实。基层党建工作可以为科技创新团队建设提供坚强的政治保障，让体现高校核心竞争力的学术组织党组织保持正确的政治方向，团结带领群众贯彻落实党的各项任务，让科技创新成果不断服务于实现中华民族伟大复兴的中国梦，推动学校和社会进步。基层党建工作可以有效地引领科研团队党员保持先进性，发挥先锋模范作用，展现出以社会主义核心价值观为主导的一种求真务实、为国奉献的价值追求。基层党建工作可以在科技创新团队中发挥协调作用，充分调动党员群众的积极性，通过细致的调查、教育和思想工作，处理好学术带头人与团队成员以及成员之间的利益冲突，解决好因不同学术观点和价值观念引发的其他问题[1]，凝聚最大力量。

另外，师生混编支部的创设可以为高校基层党组织设置提供新的解决方案。这种组织形式打破了高校传统的"教师-学生"二分管理思维，同样是以专业作为基础，将同一个专业的学生党员和教师党员编入同一个基层组织，在师生交流、思政工作、专业思维方面具有较强的功能性，但与此而来的问题是组织规模可能较大，人数较多，给组织管理带来一定的挑战。

师生混编支部结构相对稳定，是一种基层党组织的矩阵管理结构，可极大地简化组织结构的复杂程度。对师生党员比例的优化与调整，可有效解决教师党员无法充分发挥教育指导学生的作用、学生流动性强及组织结构不稳定等问题，可以在保持组织稳定性的同时发挥传承作用，最大限度地保留基层组织的特色和优势。师生混编支部中教师占主导地位，可有效发挥教师党员的角色意识，促进对学生党员的教育、培养工作，不仅在课堂教学、实习实训、学科竞赛、创业就业方面更好地指导学生，还能有效树立标杆，发挥传帮带作用，作为大学生思想政治教育的有力补充。师生混编支部还能丰富在传统学生支部体系下对学生入党积极分子、预备党员考察培养时的单一评价体系，在传统党组织延伸不到的地方做出有效补充，促进学生党员政治素质和专业技能的提高。师生混编支部有助于加强同一专业的师生沟通，进一步提升组织的凝聚力、战

---

[1] 参见倪朝霞著：《高校科技创新团队基层党组织建设的路径与对策研究》，《中共福建省委党校学报》，2014年第3期，第51页。

斗力，加强师生之间的思想交流，互相理解、互相支持。化解一些在师生群体中容易产生的矛盾，让教师的工作更加贴近学生党员发展实际，对教师而言也会形成一种自我鞭策、自我激励的良好氛围。此外，在具有研究生培养层次的高校，师生混合组织则会以导师、研究方向等更加具有专业特色的方式设置党组织，党员处在同一个教学科研方向，党组织"粘性"较大，常见的有某科研团队党支部、某研究所党支部等。师生混编基层组织是高等学校在新形势下党建工作的创新思路，也是符合巩固基层党建、提升学生党员培养质量的现实需要。

案例：支部建在团队上，党建业务双提升
——西南石油大学推进"四个融合"激发基层党支部活力[①]

近年来，西南石油大学针对基层党组织不同程度存在党建和业务工作"两张皮"现象，不断改革创新基层党建工作，着力推进党支部"四个融合"，培育了一批以海洋油气工程研究所党支部为典型的创新型科研团队党支部，有力地推动了党建与业务两促进、两提高。

思想上高度融合。党支部始终把党的政治建设摆在首位，结合学科特点，以培养开发蓝色国土专业技术人才为己任，自觉将个人命运与国家、民族命运紧密结合，提升干事创业的思想认识高度。坚持理论学习全覆盖，聚焦"为祖国加油、为民族争气"的西南石大精神，建立人人上微党课机制，激发每一名师生党员的学习热情，使之将"兴油报国"精神追求内化于心、外化于行，为建设一流海洋油气工程专业添砖添瓦。在日常学习和工作中，紧紧围绕海洋强国战略部署、围绕需要我们"干什么、干成什么样"等问题开展深入探索，以思想引领为事业发展提供强大的战斗力、执行力、保障力。党支部充分发挥支部主体作用，紧密围绕习近平新时代中国特色社会主义思想，扎实开展"不忘初心、牢记使命"主题教育，细化学习方案，开展集中学习、书记专题党课、读书笔记撰写、知识竞赛、读书报告会等专题活动，借助雨课堂、网络课堂、微信公众号、学习强国平台，开展线上线下共享互助学习，探索实践多维度立体式学习模式，提高理论学习的时效性。

组织上紧密融合。推行教师"人人入队计划"，进一步凝练研究方向，以

[①] 本案例为笔者根据以下资料综合而成：《西南石油大学海洋油气工程研究所：四维融合提升新时代党建育人四力》，http://dangjian.people.com.cn/n1/2022/1202/c441888-32579480.html。

教学、科研团队的形式将教师队伍拧成一股绳，通过内培外引、后备人才梯队建设、出国进修、党员示范岗等举措，使老教授"有动力"、新教师"有活力"，建立一支政治素质过硬、业务水平高超的师资队伍。坚持单周组织生活、双周政治学习、教研室活动运行机制，既加强党性锻炼增加凝聚力，又强化业务合作水平，有效改变了教师教学科研单打独斗的"孤岛效应"，促进教师良性合作、相长发展。实施党政同责管理，教研室非党员教师受辐射影响，思想上积极向党组织靠拢，主动参与党支部各项活动，并有效监督党员教师，实现党政、党群"同心、同向"。针对研究生党支部凝聚力、向心力和战斗力不强等短板弱项，把研究生与导师混编成支部，把支部建在科研团队，有效地将党支部与导师和学生紧密结合起来，把人才培养、科学研究与学生思想政治工作有机结合起来，展现出与以往班级和科研团队不一样的凝聚力、向心力和战斗力。

事业上深度融合。以国家战略需求和国民经济建设为导向，上下齐心，在国内外均无可借鉴经验的条件下，完成专业从无到有的建设历程。率先在全国建立了"四大工程"主干核心课和专业特色课程群，多次召集主办全国海洋油气工程专业建设研讨会，引领了全国同专业的建设发展，使本科生一次就业率超过90%、考研升学率达40.9%，在远离海洋的内陆盆地开出了海洋花、铸就了海洋梦。始终围绕"立德树人"这一根本任务，推行"双师四导"制（学术授业教师＋育人引路导师，班导师＋寝室导师＋课外科技活动导师＋学长导师），为学生构建了多层次互补的立体式育人平台。通过教授面对面、主题班会、蓝色梦想大讲堂，拓展第二课堂，全方位服务学生，扫清了课堂教学无法覆盖的沟通死角，引领学生成长成才。与本科生支部结对共建，常态化开展师生交心谈心、"同学共做"相互监督等活动，强化价值引领，提升了学生党员的党性素养。

文化上有机融合。深化党员角色意识、使命意识、宗旨意识，形成并树立"塑正铸魂，厚德载物，治学谨研，勤实敬献"十六字支部社会主义核心价值观，引领党员凝心聚力促发展，使党员成为先进思想和文化的传播者，党的领导的坚定支持者、学生健康成长的指导者和科学技术进步的推动者。不断优化"三会一课"制度，使导师在学术指导的同时润物无声地开展思政教育，以共同的理想信念凝聚人、以严谨的科学作风培养人、以科学家的报国使命激励人，汇聚师生党员攻坚克难的团队精神。教师党员利用休息时间，指导学生参加各类课外科技活动，培养科学精神，实现课堂知识的有效延伸，形成了以特色创新实践、设计性开放实验等多种形式结合的课外科技创新实践平台。

近五年，教师党员新建课程 8 门，承担教学工作 1872 学时/年，发表教改论文 22 篇，出版教材 20 部，获省部级教学成果奖 2 项、省部级以上荣誉称号 12 人次，承担科研项目 100 余项，发表学术论文 200 余篇，出版专著 7 部，授权发明专利 56 项，获国家科技进步特等奖 1 项、国家技术发明奖 1 项、省部级科技进步奖 13 项，2018 年获首届全国高校"双带头人"教师党支部书记工作室称号。

四、高校其他基层组织

高等学校还存在一些比较特殊的组织形式。在学生入学军训、实习实训等特殊时间或空间，高等学校一般会成立临时党组织，此类组织具有较强的个性色彩和工作惯例特性，如某校暑期留校师生临时党支部、某校师生服务中心临时党支部、某实习基地临时党支部、某学科竞赛临时党支部等。临时党支部设置灵活、形式多样，是传统组织形式的有力补充，可以保证党的工作在高校不留空白、不留死角，在党员教育管理中发挥积极的作用，某种程度而言，在高等学校专项工作中，临时基层党组织是一种特殊的战斗堡垒。

这种因某项特殊任务而发展出来的党支部，其共同特征是目的性强、战斗力强。2020 年新冠疫情发生后，许多高等学校都围绕疫情防控工作设立了特殊的临时党组织。例如，为更好地发挥在鄂学生党员的先锋模范作用，团结带领广大在鄂学生积极支持防控工作，复旦大学成立在鄂学生临时党支部；河南大学第一附属医院驰援武汉医疗队成立临时党支部；中共锦州医科大学附属第三医院在武汉雷神山医院医疗队成立临时党支部；中南民族大学根据家属区各楼栋防疫需求和党员分布等情况，成立临时党支部，做好校园疫情防控工作；等等。在特殊工作中产生的党组织，除与传统组织一样的功能外，还能更好地将一个基层组织的党员先锋模范作用和战斗堡垒作用发挥出来，不仅对基层组织内的其他党员干部有较强的教育引导作用，同时对在其中考察积极分子、识别干部等方面也具有特殊的指导意义。

构建科学的组织体系是体现党的先进性的内在要求，也是充分发挥基层组织战斗堡垒作用和党员先锋模范作用的必要前提和基础保障。提升高等学校基层党组织组织覆盖力的基础在于构建一个科学的组织体系，需要结合学校的传统及学科专业特色，要做到两个全覆盖，发挥传统基层组织天然的强大组织力；要不断创新组织设置模式，探索设置师生联合基层组织，发挥创新型基层组织的凝聚力；要合理设置临时基层党组织，发挥其他基层组织的特殊战斗力。同时统筹推进各基层党组织建设，设定不同的建设目标，实现组织功能最大化。

第二节 选优配强"双带头人"支部书记

一、实施"双带头人"培育工程的重要意义

全面从严治党，提升基层组织覆盖力，就高校而言，教师党支部是关键。教师是高校的中坚力量，教师党支部具有固本培元的基础性作用，而每一个教师党支部书记则是关键少数，是这个战斗堡垒的指挥官。《中国共产党支部工作条例（试行）》明确指出："党支部书记应当具备良好政治素质，热爱党的工作，具有一定的政策理论水平、组织协调能力和群众工作本领，敢于担当、乐于奉献，带头发挥先锋模范作用，在党员、群众中有较高威信，一般应当具有一年以上党龄。"[①] 进一步培养和提升教师党支部书记的综合素质是确保党支部有效运行，落实教书育人、科学研究工作任务，发挥战斗堡垒作用的重要前提。一是发挥好"头雁"作用，确保教师党支部书记时刻把讲政治作为开展党务活动的主线，担负起确保全面从严治党各项要求在高校基层党组织中得到延伸的主体责任，引导广大党员师生增强"四个意识"、坚定"四个自信"、做到"两个维护"，具备较高的政治敏锐性和鉴别力，确保党的各项决策部署令行禁止。二是在专业领域发挥好表率作用，以自身良好的政治修养和专业素质影响、激励、带动支部内师生党员，紧密结合学校的中心工作。

2018年，中共教育部党组发布了《关于高校教师党支部书记"双带头人"培育工程的实施意见》，教育部办公厅发布了《关于开展首批高校"双带头人"教师党支部书记工作室建设工作的通知》，旨在进一步加强党对高校的全面领导，深入贯彻落实中共中央、国务院《关于加强和改进新形势下高校思想政治工作的意见》，推动全面从严治党向高校基层延伸。其中更为关键的是要加强教师党支部书记队伍建设，在新时代高等教育发展中，这个群体要成为高校党

---

① 中共中央党史和文献研究院编：《十九大以来重要文献选编（上）》，中央文献出版社，2019年，第666页。

建和业务双融合、双促进的核心力量,成为加快一流大学和一流学科建设、实现高等教育内涵式发展的重要促进力量,成为培养德智体美劳全面发展的社会主义建设者和接班人的坚强组织保证。

习近平指出:"做好基层基础工作十分重要,只要每个基层党组织和每个共产党员都有强烈的宗旨意识和责任意识,都能发挥战斗堡垒作用、先锋模范作用,我们党就会很有力量,我们国家就会很有力量,我们人民就会很有力量,党的执政基础就能坚如磐石。"① 对于高校而言,基层的基础工作就是教学与科研两驾马车,而承担这些基础工作的,正是高校的广大教师。广大党员教师政治立场坚定,带头模范作用突出,支部书记在基层党建和促进业务发展上身先士卒,既夯实了社会主义办学方向的基础一环,同时也是高校落实全面从严治党的有力实践。

从新时代高校改革发展的视角来看,随着建设世界一流大学和一流学科等文件相继出台,我国高等教育正迎来新一轮发展机遇。习近平总书记强调:"办好中国的世界一流大学,必须有中国特色。没有特色,跟在他人后面亦步亦趋,依样画葫芦,是不可能办成功的。"② 推动高等教育事业获得新的发展,最基础的就是要发挥全体教师的积极性和创造性,党员教师在其中起到带头模范作用,他们的精神状态、业务水平直接关系到高等学校立德树人根本任务的落实效果。优秀的党员教师,不仅在把握教学科研政治方向,坚持社会主义办学方向上起到基础性作用,同时在业务工作、服务学生等方面也具有标杆作用,发挥好党员教师的作用,对于激发整个教师队伍活力,具有不可替代的作用。同时,实施"双带头人"工程,可以较好地破解基层中党建和业务"两张皮""重教学科研、轻党建"等突出问题,"双带头人"支部书记具有党建和学术带头的双重身份,可以有效平衡党建与业务工作的关系,促进党建与业务深度融合,将党支部的功能侧重转移到党建与教学科研工作共建共促上来。

推进"双带头人"工程,也是高校加强意识形态工作的实际需要。高校的教师和学生,不可避免地面对着全球化所带来的制度价值冲突,个人主义、功利主义不同程度地存在于高等学校之中,价值迷失、政治方位偏差已经有所表现,如部分教师用片面的自由主义解读市场经济,给青年学生的世界观、人生观、价值观带来冲击。高等学校作为意识形态传播、研究、交锋的重要阵地,

---

① 《习近平总书记在河北、兰考两地调研指导党的群众路线教育实践活动报道集》,人民出版社,2014年,第2~3页。

② 习近平著:《青年要自觉践行社会主义核心价值观——在北京大学师生座谈会上的讲话》,人民出版社,2014年,第12页。

加强意识形态各级队伍的建设就显得尤为重要。教师是青年学生成长的引路人，思想政治理论课教师等专职队伍在青年学生意识形态教育中发挥主渠道作用固然重要，而专业课教师贯穿于青年学生成长成才的全过程，在将思想政治教育与专业教育相融合，推进课程思政的过程中，具有更加无法替代的优势和便利。要加强对各种社会思潮的引导和辨析，善于答疑解惑，并牢牢守住马克思主义、中国特色社会主义的前沿阵地。教师党支部书记带领广大教师队伍，在意识形态方面发挥影响力，不仅要对海归新教师加以引导，更重要的是面对广大青年学生，坚定不移贯彻党的教育方针，为中国特色社会主义事业培养合格建设者和可靠接班人。①

二、培育"双带头人"的现实困境

目前，高校教师党支部书记"双带头人"工作已实施一段时间，可以看到明显的成效，但实际还是存在一些亟待破解的困境。

一方面，固有观念破除存在困难。教学、科研能力较强的教师，往往认为业务是自身的核心竞争力，而支部书记的工作并不能够给自己带来相应的提升，不自觉地就将党务工作划定为自己的"副业"，认为干多干少都差不多。相应地，教师支部的组织生活开始形式化、简单化，一年到头多数都是传达文件，党支部的战斗堡垒作用持续弱化。支部书记的岗位在基层教研室中容易受到冷落，老教师不愿干，觉得是负担，不如专心搞自己的课题；青年教师在业务上任务繁重，个人发展压力大，往往精力得不到保障。加之配套保障的体制机制并没有完全跟上，"双带头人"在职级晋升、职称评审上并不具备较多优势，在广大教师群体中并未得到广泛的认可。同时，管理者也更关注教师党支部书记的业务能力、教学科研成果，养成了一种党务素质可以慢慢培养，主要精力放在提高职称、学历和产出高水平成果上的习惯，无形中淡化了教师支部书记的身份。

另一方面，基层组织管理体制改革相对缓慢。教师党支部书记按照"双带头人"的标准去培养，这与普通教师党支部书记的成长路径存在差异。不仅要在资金、场地等硬件条件上予以支持，还要提高支部书记的津贴标准，对党务工作者和党支部书记的贡献加强鼓励和奖励，激发其参与党务工作的热情。同

---

① 参见何虎生、刘福军：《高校开展马克思主义宗教观教育的若干思考》，《思想理论教育导刊》，2012年第11期，第101页。

时，对于作为"双带头人"教师党支部书记的考核基本上是分开对待的，其自身的业绩指标由本单位去考核，而党的工作则由党组织考核，没有在同一个体系下进行比较，实则是将"双带头人"人为地划分为"支部书记"和"业务骨干"，不利于实现党建和教学科研共促共建、协调发展的目标。如今，随着经济社会发展，一些处于科学技术前沿的学科专业，不再仅限于教研室，跨专业学科、科研团队等成为教师日常工作的主要阵地，如果仍机械地回到教师本身的教研室党支部开展党建工作，党建与业务脱节则显得不可避免，需尽快打破原有的学科专业壁垒，在重大项目、重要团队上建立党组织，解决党组织设置与实际工作之间的矛盾。

另外，在高等教育争创一流的大背景下，高校势必对教师的教学科研工作提出更高要求，办学目标也会逐级分解到基层教师身上，成为岗位责任，学科带头人身上的任务则更多。在这种大环境之下，"双带头人"更加分身乏术，有些接触党务工作时间较短的教师，开展工作只能走一步、看一步，摸着石头过河，影响业务水平的同时也未提升党建工作水平。加之部分高校培训体系不完善，缺少必要的培训和业务指导，导致"双带头人"履职不力，整个支部的战斗堡垒作用发挥欠佳。

三、培育"双带头人"的实现路径

（一）选优配强教师支部书记

将政治能力好、业务水平高的优秀党员教师选配到支部书记的岗位上来，是推进"双带头人"工程的第一步。在工作实践中，要注意克服成果导向论，避免不看政治素养，只追求业务能力强的倾向。同时，要充分尊重教师的意愿，在党务和教学科研工作中更多地给予支持，引导他们正确认识党建与业务共促共建的关系。要注意梯队建设，将热心党务工作、教学科研工作潜力好的青年教师党员逐步培养为支部委员，承担一定的党务工作，积累党建工作经验，成为党员骨干教师；将成熟的支部书记大胆提拔到领导岗位上去，给予其更大的平台。还需要注重考察教师党员的群众基础、工作作风等因素，真正选拔有一定公信力，能起到带头模范作用的优秀教师选配到岗位上。

（二）健全支部书记培养体系

"双带头人"的双重身份，是为了更好地推动党建与业务相融合，但在实际工作中，"两张皮"的现象仍旧突出。部分教师党支部书记，尤其是新任支部书记，对于党务工作的方法、要求掌握得不明确，很难抓住问题的要害，做好党建业务融合工作有一定的难度。在培养教师支部书记的工作实践中，要科学制定培养规划，常态化开展党性教育、党务工作专题培训，打好党建工作基本功。要通过挂职锻炼、外出调研等方式不断开拓支部书记工作思路，提升创新意识。在高校内部，要建立起经常性的党务工作交流平台，邀请有经验、工作实绩突出的支部书记作交流分享，互相取长补短，营造校内良好的创先争优氛围。不仅如此，在教师党支部书记的事业发展上，如在建团队、外出研修、教学科研平台上要给予其一定的支持，保证双带头、双提升。

（三）优化基层组织设置模式

教师党支部的设置在一定程度上影响了其战斗堡垒作用的发挥，传统的教研室设置党支部形式，在一定的历史时期起到了积极的作用，保证了基层组织的全覆盖。但随着高等教育改革不断深入，课题组、科研团队、教学研究团队等非传统建制的教师组织模式愈发广泛，而这些新型的组织形式利于发挥团队作用、战斗力和凝聚力较强，号召者或组织者大都符合学术带头人的基本要求，在本领域具有较强的带头示范作用，如在此种新型组织中设置党支部，"双带头人"的作用也将得到进一步的发挥。但往往此种组织的带头人在教学科研方面的任务较重，承担着本团队发展的重大责任，在党建方面需要更进一步的支持，因此，在配备支委的基础上，要择优选择党务工作较为熟悉或潜力较大的教师担任副书记，从而有效分担支部书记的党务工作，激发支部活力。

四、培育"双带头人"的核心方法

首先，要不断提升教师党支部工作建设的意识。"双带头人"是新时代加强党的建设在高等学校的具体实践和重大举措，必须高度重视，将此项工作作为建设社会主义办学方向的重要保障之一。否则，在推进过程中，就会出现为配而配，支部书记和党务工作两个人、"两张皮"，党务工作更加形式化的问题。地方教育行政机关，要自上而下开展专项督查工作，督促属地高等学校选优配强"双带头人"教师党支部书记。高校要将"双带头人"工作作为重点工作，纳入各单位党建考核与评优的体系之中；从学校改革发展实际、培养社会主义合格建设者和可靠接班人等重大意义方面加强正面引导，创造营造好"双带头人"整体工程的舆论氛围。

其次，要优化党建工作体制。需要尽一切可能调动教师党支部书记的积极性和主动性，需要对教师党支部书记的工作实际进行客观、公正、全面的考量。要进一步优化支部书记责任清单，建立不同于传统的教师、学生党支部书记的岗位目标，使得"双带头人"教师党支部书记明晰自身定位，推动考核指标从定性为主向定量为主、定性与定量相结合的考核指标体系转变，在教书育人、科学研究、社会服务等方面制定标准条件，保证支部书记工作有目标、有方向。要进一步找准党建工作和业务工作的结合点，使得支部书记在扩展育人空间、带动骨干教师发挥作用方面取得新突破。作为党建带头人，教师党支部书记在团队中威信更高，更具影响力，更易凝聚整个支部的力量。作为学术带头人，教师党支部书记更能正确把握教学、科研的正确方向，更能聚焦培养社会主义人才和国家经济社会重大需求。

再次，要完善保障激励机制。承担双重任务、双重责任的教师党支部书记需要进一步提升其政治待遇，在学院学科建设、教学科研政策制定、深化改革发展、人才引进等重大事件上保证其知情权、建议权。在学院党政联席会中，给予教师党支部书记参与、讨论的权利，使得其可以在此类重大事项决策中提出合理化意见和建议。组织部门要建立教师党支部书记库，经常性关注其工作实绩、个人表现，作为吸纳后备干部的重要参考。要主动为教师党支部书记搭建成长平台，提供更多如校内外挂职、参与乡村振兴的机会，增加教师党支部书记的社会影响力和社会责任感。同时保证教师党支部的党建活动经费充足，落实相应的支部书记津贴，激励教师党支部不断创新工作。

最后，健全考核评价与监督管理办法。全面实施教师党支部书记向院系党组织述责述廉制度，对于重点培养的"双带头人"教师党支部，还可向学校党委述职，接受考核评议，对教师党支部工作进行全面考核测评，推进教师党支部书记标准化建设。扩大评价考核运用范围，将其作为党支部书记职级晋升、职称评审、先进表彰等评优评先活动的重要参考。加强对教师党支部书记的日常监督管理，对考核不达标、党建与业务工作脱节、群众不满意的党支部书记要及时提醒，建立整改机制，或调整人选。真正发挥考核激励作用，构建教师党支部队伍争先创优、敬业负责的整体环境。

案例：华中师范大学"双带头人"教师党支部书记队伍建设经验[①]

华中师范大学实施"党建带头人、学术带头人"培育工程，搭好平台促进培养体系、办好课堂促进教育培训、完善机制促进管理服务，突出党支部宣传引导凝聚师生的首要地位和发挥教育管理党员的主体作用。

关于培养体系方面。一是完善制度保障。规范"双带头人"选任工作，对"双带头人"选拔制定专门的意见办法，并纳入学校常委会专题研究，在学校党建规划中综合考虑。二是完善选任平台。将政治素质放在首位，综合教学科研、思想号召、育人效果等能力水平，以公推直选、上级选派、公开竞聘等多种方式，选拔教学科研骨干中的积极分子，配强支部书记。三是深挖人才储备。在中青年教师党员中储备培养一批具有副高以上职称的支部副书记或者支部委员，以支部书记标准进行培育，全面提高学校"双带头人"配备比例。

在教育培训方面。一是突出党性教育。组织形式多样、内容丰富的专题党课，每两年对教师党支部书记轮训一次。组织支部书记使用"互联网＋"党建的形式，开展微党课、风采微展示等活动。二是突出能力提升。针对教师党支部书记能力短板，特别在管理服务、联系群众和专业党务知识方面下功夫，全面提高教师党支部书记的履职能力。三是突出实践创新。遴选优秀骨干教师党员在党政机关、企事业单位等挂职锻炼，选派青年教师驻村实践，用专业优势服务地方经济社会发展，既提高党务素质，又锻炼专业能力，同时提高影响力和认同度。

在服务管理方面。一是选配培养建章立制。制定建立健全教师党支部书记选优配强长效机制的实施意见，解决教师党支部书记在工作、专业发展、待遇上的实际问题。二是完善考核制度。有针对性地制作了党建工作任务书，确定了履职目标和年度的工作任务，落实教师党支部书记考核评议的述职制度，将履职情况作为评先评优、奖励表彰、提拔任用的重要考量。三是积极选树典型。开展"双带头人"教师党支部典型案例的推广和宣传，有效带动学校教师支部工作，加强教学科研工作和党务工作的进一步融合，打牢了党建工作基础。

---

① 《华中师范大学实施"双带头人"工程　加强教师党支部书记队伍建设》，http://www.moe.gov.cn/jyb_xwfb/s6192/s133/s201/201706/t20170612_306712.html。

第三节　激发党支部组织活力

一、新时代高校基层党支部活力现状

当前，我国高校基层党支部总体发展状况较好，随着《中国共产党支部工作条例（试行）》的出台，大部分党支部能根据形势变化不断完善自身工作，展现出新时代新活力，但也还存在一些亟待解决的问题，影响党组织组织力进一步提升。

就学生支部而言，一部分学生党支部中的支部书记采用传统管理模式，整体工作思路比较陈旧、僵化、教条，习惯性只是满足于"规定动作"，一定程度上影响学生党员学习的积极性，造成党支部的活力和凝聚力弱化，党组织的吸引力下降。千篇一律的管理模式忽视了学生党员的个性化特征，整个支部也缺乏传承，对标准化建设存在误读。同时，未能充分考虑青年大学生的特点，不注重运用新媒体手段对支部进行管理，对学生党员的培养方法缺乏创新，多局限于传统的教育方法，倾向使用"灌输"性质的讲座、党课、谈话等，在一定程度上降低了学生党员学习的自主性和选择性，学习效率不高，进而影响学生党员的创新意识。党支部活动内容单一，缺乏包容性与创新性，加之传统学生党支部的考核标准主要是检查记录是否规范完整，实践性活动时间是否充足等硬指标，很容易让学生党支部工作"照本宣科"，大胆创新的党支部在传统考核体系下往往没有太多的优势。达标形式的考核也缺乏一定的激励先进机制，津贴补贴存在"摊大饼"问题，支部工作创新的内生动力不足，支部建设的质量和活力得不到提升。

教师支部活力的强弱，一方面直接影响党支部的精神状态和发展，影响着学院本身乃至学校重点工作任务的落地落实。另一方面，教师党支部的活力影响立德树人根本任务的实际效果，影响着国家和民族未来发展势态。在政治功能方面，或多或少存在核心作用弱化，引领能力不强的弊端，部分党支部只追求完成上级组织安排部署的工作学习任务，认为党建是软要求，对个人来说没有立竿见影的好处，而教学科研等业务工作才是重要的，可以对自己职级晋升、职称评审带来实实在在的好处。一部分党支部缺乏党务工作热情，态度不

端正，"三会一课"等组织生活不严肃，未能发挥真正、切实的作用，党组织生活存在形式化问题。在价值观方面，一部分党支部未完全用社会主义核心价值观作为党支部的行为导向，党支部成员作为人才培养与科学研究的主力军，关心教书多，关心育人少，在教学科研工作中没有有效地贯彻社会主义核心价值观。

高校二级党组织是学校改革建设过程中最具战斗力的战斗集体，在管理下沉，扩大办学自主权等大背景下，作用和影响力日趋突出。二级党组织大体上都能发挥较强的政治核心作用，团结和带领本单位师生员工开展各项工作，但不可忽视的是，基于种种原因，部分高校基层组织的号召力、吸引力和影响力不同程度地存在弱化现象。当前高校争创一流，内部学科调整越来越频繁，部分基层单位为了保专业、保教师，维护自身利益，时常出现党政班子内部意见不统一，凝聚力不强等问题。院长为了抓核心办学指标忽视党建工作，基层书记开展思想政治工作难度较大。一部分基层党组织负责人对创新做好党务工作的思想认识不高，对基层创新党务工作热情不高，一部分基层党组织负责人党务经验不足，工作本领不够，担当意识不足，对待党建工作积极性和主动性都不高，对基层出现的问题办法不多，解决问题捉襟见肘，工作方式方法缺乏创新。

一、增强组织活力的基本路径

增强高校基层党组织组织力，需要从小处着手，激发支部组织活力，完成从被动接受上级组织任务到具体从支部特点出发，主动思考并开展组织活动的转变，不断增强支部的战斗力、吸引力和凝聚力，提高师生党员整体素质，切实做到基层党支部和学校党建工作、中心工作同频共振，形成积极进取、开拓创新的整体工作氛围，党建工作能够在师生党员中得到广泛的支持和拥护，战斗堡垒作用不断增强。

党的十九大报告指出："要以提升组织力为重点，突出政治功能，把企业、农村、机关、学校、科研院所、街道社区、社会组织等基层党组织建设成为宣传党的主张、贯彻党的决定、领导基层治理、团结动员群众、推动改革发展的坚强战斗堡垒。"[1] 提升组织活力的起点和基础就是突出政治功能，各级组织要深刻认识到政治方向是基层党组织发挥政治功能的核心要素。把握正确政治

---

[1] 习近平著：《习近平谈治国理政（第三卷）》，外文出版社，2020年，第51页。

方向，坚持"一切工作到支部"的重要导向是基层党组织巩固政治功能、建强战斗堡垒的重要途径之一。要引导师生学习贯彻党的创新理论，丰富学习形式，搭建多维学习平台，落实习近平新时代中国特色社会主义思想和党的二十大精神的学习宣传工作，把思想行动统一到培养中国特色社会主义合格建设者和接班人的工作上来。此外，凝聚团结力量是基层组织的重要工作，党支部直接面对教师学生，对遇到思想问题、生活困难的党员，要发挥基层组织的积极作用，做好思想政治工作，关注基层实际问题，及时解决问题，涵养正气清风，传递正能量，抑制负能量，激励基层党员在各自的位置上贡献热情和力量。

要在营造良好的政治生态上下功夫。学校政治生态的构建是一项系统工程，同时也是基层党支部激发活力的前提和基础。学校党委要充分发挥领导核心作用，保证社会主义办学方向和贯彻落实党的教育方针、政策，将制度建设贯穿于整个党的建设，特别注重把激活基层党组织作为着力点，从学校治理体系和治理能力的层面充分调动师生、员工的积极性和创造性。要注重依法治校，赋予学术委员会一定的决策权，让学术团体在授课治学的过程中具有真正的话语权。要保障普通师生有反映意见和建议的渠道，在学校重要决策中加强民主管理与民主监督，充分发挥教代会、工代会、学代会的作用，保障基层党支部安心从事育人工作。

激发基层组织活力，还要用好组织负责人。正确的路线确定之后，干部就是决定的因素。党支部书记作为支部的第一责任人，在激发组织活力上发挥着不可替代的核心作用。党支部书记要不断加强自身修养，在工作、学习上做好示范带头作用，同时要常态化开展谈心谈话工作，及时掌握支部党员的所思所想、具体困难，想方设法为支部党员创造学习、工作上的便利条件。要主动深刻分析支部的传统特色，发动党员力量，调动党员积极性，形成合力开展特色主题活动，促进支部工作创新发展。高校党委要加强基层支部领导班子的培养培训，努力打造一支高素质、专业化的基层党组织领导班子队伍。构建强有力的基层党组织核心是提升基层党组织组织力的关键点。

要着力推动文化与党建的融合。一个团体，一个组织，在形成的过程中，必定伴随着一定的文化因素，这是组织全体共同认可、共同遵循的行为价值导向。基层党支部除了具有党的组织的一般属性，也具有自身的发展规律。党支部的文化建设在激发活力中起到催化剂的作用，有效激发支部的内生动力，要按照《中国共产党支部工作条例（试行）》的具体要求，在基本党建任务落实、支部组织生活的安排、支部工作标准化等方面建章立制，将学校的办学治校理念、本单位的发展过程中形成的精神文化在支部层面展现出来，在支部的具体生活中体现出来，在支部全体党员的言行中表现出来。要积极开展内容丰富的活动，将支部全体党员参与支部建设的动力激发出来，把学习贯彻习近平新时代中国特色社会主义思想落实到教书育人全过程。

充分利用新媒体推动支部宣传工作，丰富支部活动内容，提升支部创新能力。当前，社会舆论进入新媒体时代，信息传播速度快、信息多元化明显，理论知识和方针政策第一时间就能传递到广大群众中去，并及时获得反馈，从而听到人民的声音。高校基层党支部面对的是对信息敏感度较高的教师和学生，更加应该积极使用新媒体手段，采取更加灵活的方式和新颖的内容，丰富党员教育管理的手段。用具有独特吸引力的高等学校党的建设优秀作品作为引导，不断改进支部组织生活方式方法，增强活动对支部成员的吸引力。要引导师生党员关注主流媒体声音，积极讨论和研究央视新闻、《人民日报》等官方新媒体所发布的国家发展、党的建设等热点问题，及时把握党和国家的最新理论成果，时刻在思想上政治上行动上同党中央保持一致。

三、发挥师生党员先锋模范作用

《中国共产党章程》规定了党员的八项权利和八项义务，是每名党员必须严格对标的。要充分激发基层党组织组织活力，就是要教育引导广大党员对照党员权利义务，在自身领域发挥带头示范作用。

学生党员是高校党员人数最多的一部分群体，由于学生党员加入共产党的时间普遍不长，接受党组织的教育、培训系统性不强，自身参加社会实践的经历也较少，党性觉悟还不高，因此最重要的是要迅速树立起他们的党员身份意识。要引导党员学生在广大学生群体中发挥旗帜性作用，始终在专业学习方面走在前列，作出应有的表率。只有专业素质过硬，才能跟上新时代中国特色社会主义发展的步伐，才能成为堪当时代重任的接班人。同时，《普通高等学校学生党建工作标准》文件明确说明了，发展党员要"坚持入党自愿原则和个别吸收原则，成熟一个，发展一个"[①]。发展学生党员一定要重视综合素质发展，特别考察思想政治、能力素质、道德品行、现实表现等重要内容，关注学生的平时表现和关键时刻表现，将自我评价和民主评价相结合，重视社会实践，做

---

① 中共教育部党组：《中共教育部党组关于印发〈普通高等学校学生党建工作标准〉的通知》，http://www.moe.gov.cn/srcsite/A12/moe_1416/moe_1417/201703/t20170310_298978.html。

到理论和实践相结合，不能把考察学习成绩作为党员发展的唯一标准。大学生党员在日常工作与学习中更加要注重用习近平新时代中国特色社会主义思想武装自己的头脑，带头实践社会主义核心价值观和社会主义荣辱观，真正做到思想上入党，立志成才，报效祖国，在政治上、纪律上、思想作风上为周围同学树立榜样与楷模。学生党员还要努力践行为人民服务的宗旨，真心对待、真诚帮助身边的同学，尽力解决他们在学习上、生活上的困难，带动他们共同进步。在高校学风建设中要充分发挥学生党员的作用，坚决拒绝考试作弊等违反学生纪律的事件发生。在此基础上，要积极参与社会实践服务活动，发扬共产党人吃苦耐劳、不畏艰难的精神，持续增强爱党、爱国、爱家、爱校的情怀。

教职工党员的党员身份在两方面发挥积极作用。"十年树木，百年树人"，教书育人是教师的天职，党员教师首先面对的是青年学生。青年是祖国的未来、民族的希望，也是党的未来和希望。青年兴则国家兴，青年强则国家强。做好青年工作，对确保党的事业薪火相传，确保中华民族永续发展，具有十分重要的意义。教师党员要坚持把立德树人作为自己工作的核心，注重教育教学方式方法的开拓创新，自觉把思想政治教育和创新教育贯穿教育教学全过程，带头做好表率，当好青年学生的引路人。同时，教师是高校改革发展的主力军，众多改革任务最终都需要通过教师去落实，党员教师需要发挥先锋模范作用，要做教师队伍中的领头雁，不断提升自我专业能力，时刻将自己发展同国家富强、民族振兴、人民幸福，以及学校的发展紧紧联系在一起，坚定不移地贯彻党的教育方针，服从学校事业发展大局，在发展自己的同时，带动教师群体的发展与提高，积极作为，争创一流业绩，投身到学校建设中去，为高等教育事业的发展进步作出自己应有的贡献。

离岗不离心，退休不褪色。高校的一些离退休党员已经离开了之前的教学、管理岗位，但这些离退休老同志对参与学校公共事务、学校事业发展有较高的积极性和热情，加以适当引导，可进一步增强组织活力，充实到党员教育管理培养的体系之中。要充分尊重老同志，定期向老同志通报学校改革发展举措和成果，给予老同志一定的话语权，倾听他们提出的对学校发展的合理意见建议。重视老同志丰富的工作经验，适当地在各个领域开展"传帮带"活动，挖掘树立一批老党员典型人物，大力宣传其优良的作风和传统，将其作为学校党建和思想政治教育的生动载体。老同志参加革命时间早，对学校发展历史了解深，在师生党员教育中具有天然和独特的优势，要进一步发挥老同志作用，丰富师生参与革命传统教育、大学精神和历史教育的形式和手段，不仅可以提高师生党员教育的时效性，同时也是创新组织活动模式，激发组织活力的有效手段。

案例：西北大学抓实"五个创新"激发基层党组织活力[①]

西北大学以提升组织力为重点，抓实"五个创新"，坚持问题导向，创新方式方法，持续用力，久久为功，不断激发基层党组织活力，推动全校基层党建质量全面创优、全面提升、全面过硬。

——创新工作机制。抓好党委对学校事业发展的战略指引，建立了具体明确、环环相扣的工作责任体系，构建了"有机衔接、传导压力、层层落实"的工作格局，把坚持和加强党的全面领导落实到基层，大力营造"人人重视党建、人人抓好党建、人人为党建工作作贡献"的浓厚氛围。制定修订了学校《基层党组织书记抓党建述职评议考核工作办法》《先进党支部优秀共产党员优秀党务工作者评选表彰办法》《发展党员工作细则》《组织员工作实施细则》《党员教育管理办法》等10余项规章制度，党的建设制度体系和工作机制基本形成，进一步提升了基层党建工作的科学化、规范化水平。

——创新党建活动。通过项目制积极探索开展基层党建活动的新方法、新途径，使党建活动在内容、载体、机制等方面形成特色、做出创新、产生实效，成为党员"亮身份、树形象、做表率"的有力平台，确保"支部生活有温度、党员认识有厚度"。2014年以来，学校先后投入经费200余万元，支持基层党组织开展党建创新活动重点项目150余项，一般项目600余项，催生了一批特色鲜明、主题突出的党建精品活动和甘于奉献、模范带头的党员志愿者服务队伍，让鲜艳的党旗在学校内外高高飘扬。

——创新示范载体。持续在基层党组织中开展党建示范点创建活动，充分发挥先进典型的示范带动作用。先后两批创建了6个校级党建示范点和一批基层党建示范点，为学校内各基层党组织争先进、学先进、赶先进树立典型和榜样。深入开展新时代党建示范创建和质量创优活动，择优培育创建党建工作标杆院（系）8个、样板支部14个和"双带头人"教师党支部工作室10个，总结凝练成熟机制、有效办法、典型经验，示范引领、辐射带动基层党建工作扎实有效开展。认真实施教师党支部书记"双带头人"培育工程，选拔首批69名教师党支部书记作为"双带头人"后备人才，并建立长效培养机制。在三个

[①] 《西北大学抓实"五个创新"激发基层党组织活力》，http://jyt.shaanxi.gov.cn/jynews/gdxx/201912/04/94983.html。

学院开展"提升学生党员发展质量"试点工作，在生命科学学院试点构建"123"党建进公寓育人模式，不断提升学生党建工作实效。

——创新支部建设。不断推进党支部建设规范化，设置科学化工作。积极适应学校组织结构、管理模式、学科设置、办学形式的新变化，依托重大项目组、学科组、课题组、创新团队、科研平台、中外合作办学项目和机构等设置师生联合党支部。制定校院（系）两级领导班子成员联系基层党支部制度，领导班子成员常态化地赴联系点指导工作，定期到所联系院（系）党支部参加支部活动制度，指导基层党支部学习交流、开展思想教育，进一步密切班子成员与广大党员、师生和基层组织的联系，有效推动了工作开展。积极开展师生党支部"结对共建"活动，推进党支部进学生社团和公寓，有效提升"两个覆盖"的质量。

——创新"三会一课"。积极构建党员经常性教育和集中教育相结合的长效机制，广泛开展研讨式、互动式、调研式学习。举办了该校党支部书记工作论坛、党支部书记微党课大赛，开展了以"六个一"为主要内容的党员"政治生日"主题活动、党课"反转课堂"，开设了初心课堂，点燃党员和入党积极分子的初心火焰，推出了"西大先锋"微信公众号平台，积极探索基层党建工作的新方法、新途径、新模式。各基层党组织充分利用党建活动阵地、学科专业特色等优势资源，开展了红色基地实践教育、党员小书包、党员教育"互联网＋"培育计划、"主题党日"特色活动等内容丰富、形式多样的"三会一课"，做到"规定动作"不走样，"自选动作"有特色，使"三会一课"更加贴近基层、贴近实际，有效增强了"三会一课"的针对性和实效性。

第四章 提升高校基层党组织群众凝聚力，筑牢以人民为中心的发展思想

《中国共产党章程》中明确指出了党的建设的基本要求，其中之一就是"党在自己的工作中实行群众路线，一切为了群众，一切依靠群众，从群众中来，到群众中去，把党的正确主张变为群众的自觉行动"①。这足以表明基层组织的群众凝聚力的力量源泉和实现路径，就是要走好党的群众路线。对于高等学校而言，就是要大力建设服务型党组织，站稳群众立场，完善密切联系师生的制度机制，抓好自身纪律建设，带领全体师生员工听党话、跟党走，贯彻党的教育方针路线。

第一节 强化群众立场和群众观点

一、高校群众工作的历史脉络

党的群众路线遵循了历史发展规律。群众路线不是凭空而来，也不是随着党的诞生而直接产生的，而是我们党在特定历史背景下，与中国革命相适应，在团结和带领中国人民推进中国特色社会主义建设和发展的具体实践中产生并不断发展成熟的。早在1928年，李立三在江浙地区党的负责同志的谈话中提出了"群众路线"。1943年，毛泽东同志在《关于领导方法的若干问题》中，首次为"群众路线"做出全面定义。随后在党的七大召开前，中共中央作出了《关于若干历史问题的决议》，对党的"群众路线"思想进行了总结。在党的七

---

① 《中国共产党章程》，人民出版社，2022年，第11页。

大闭幕会议上,毛泽东鲜明指出:"人民,只有人民,才是创造世界历史的动力。"① 党的群众路线具有唯物主义特性,与历史唯心主义英雄创造历史观点是相对立的。马克思、恩格斯创立并强调的历史唯物主义提出人民是历史的创造者。人民作为历史中的基本构成元素,是社会发展的基石,不仅社会的平稳运行依赖于人民的物质生产活动,而且社会的自我改革也有赖于人民的实践活动。人民自身的发展水平和程度及其发挥的作用如何,决定历史的前进方向和最终结果。党的群众路线具有对立统一性。个人和人民都是历史的推动者,都影响着历史的进程,在这一点上个人和人民的地位是相同的。个人的作用相对于人民来讲是第二位的,是次要的,不管个人在历史中的作用如何,脱离人民的实践,将是一无所获的。

党的群众路线是马克思主义基本原理同中国实际相结合的产物。毛泽东同志曾谈道:"二十四年的经验告诉我们,凡属正确的任务、政策和工作作风,都是和当时当地的群众要求相适应,都是联系群众的;凡属错误的任务、政策和工作作风,都是和当时当地的群众要求不相适应,都是脱离群众的。"② 始终坚持群众路线,得以帮助我们实现民族独立、巩固执政地位、保持党员的先进性等。在社会主义建设的伟大历史进程中,高校作为重要组成部分,与群众路线的关系日趋紧密。首先,高校是培养高素质人才的重要场所,也是推动科学技术进步的学术场所,人才与技术都代表着先进的生产力。邓小平同志在南方谈话中强调:"社会主义的本质,是解放生产力,发展生产力,消灭剥削,消除两极分化,最终达到共同富裕。"③ 高校作为先进生产力的代表之一,在全面建设社会主义现代化国家新征程中,无论是统筹实施科教兴国战略、人才强国战略、创新驱动发展战略、军民融合发展战略还是建设小康社会、创新型国家,都发挥着不可替代的作用,高校在社会主义现代化国家建设的实践中,就充分阐释了这一点。其次,高校在提升治理能力和治理体系现代化,加强学术治校、民主管理,调动师生创造力的过程中,实际上也在不断贯彻和践行以人民为中心的立场,建设出让广大人民满意的高等学府,这本身就是对社会主义民主建设的发展和丰富。

坚持和贯彻党的群众路线是我们党克敌制胜的法宝,也是我们党永葆活力的关键。对于高校而言,全面贯彻党的教育方针,最根本的就是回答好为谁培

---

① 毛泽东著:《毛泽东选集(第三卷)》,人民出版社,1991年,第1031页。
② 毛泽东著:《毛泽东选集(第三卷)》,人民出版社,1991年,第1095页。
③ 邓小平著:《邓小平文选(第三卷)》,人民出版社,1993年,第373页。

养人、怎样培养人、培养什么人这一核心问题。弘扬优良的群众作风，就必须充分认识到，高校的各级管理者都是来源于师生，服务于师生，并受到广大师生群众的监督这一基本事实，提高人才培养质量，满足师生不断增长的各方面需求是整个高校发展的共同利益。

二、高校群众工作的特殊性

随着中国特色社会主义进入新时代，高等教育的地位和作用得到进一步凸显。习近平总书记指出："高等教育发展水平是一个国家发展水平和发展潜力的重要标志。"[①] 要加快"双一流"建设，提高高精尖人才的培养质量，提高科研创新能力和高校服务经济社会发展能力。高校如何走好群众路线，这关系到高校自身的改革稳定发展问题，也关系到整个社会主义事业建设的水平和质量，使命艰巨。但是，高等教育具有一定的特殊性，师生角色的互动、学术地位的权重等因素很大程度上造成了一定的客观困难。

群众路线在高校党委的实践中，更多意义上是狭义的。群众是历史的创造者，这具有一定的阶级色彩。但在高校，群众泛指的是师生群体，是高等教育的参与者和推动者，在角色上更加固定，且在整个环境中受到不同的因素影响。在教师与学生的关系中，更加强调的是"教"与"学"这一对关系，教师处在的地位一定程度上弱化了其群众的内涵，因为教师在教学过程中更类似一个管理者和服务者。同时教师在高校内部具有不同的职务和专业技术职称，在教师内部也存在一定的管理逻辑。加之高校机关一直处于管理者的位置，在与师生的日常互动中，干部和群众的身份也会发生变化，因而高校内部的群众界定存在一定的复杂性。

高校的空间结构、工作特性决定了党群关系交往是非常密切的。在某种意义上讲，更加频繁且流动性较强的特性可以使得党群关系更近，更利于拉近与群众之间的距离。但是，过于固定、狭窄、单一的交流联系方式，让一些深层次的矛盾和问题被掩盖起来，整个学校内部几乎没有保密可言，群众的诉求、矛盾、对干群关系的不满意等负面信息很容易被知晓，损害了群众的隐私权，分离了党群关系，让党群工作流于表面，一些群众不愿意为真实需要发声，为了自己的口碑和评价，不上交真正的矛盾。同时高校干群内部还存在一定的竞争关系，在职称评定、职务晋升、评奖评优中，干部和群众往往在利益上有竞

---

① 习近平著：《习近平谈治国理政（第二卷）》，外文出版社，2017年，第376页。

争关系，一些管理者在政策制定和实际工作中，比较容易站在自己的立场之上考虑问题，忽视或否决群众的利益，群众也会碍于这种关系，淡漠和麻木自己的相对弱势地位。进而，则会出现部分群众对学校政策、管理方式的不信任、不理解、不拥护的情况。

高等教育领域的激烈竞争，给高校群众路线带来新的挑战。当前，大学之间的竞争日趋激烈，为了创建高水平大学，获得更多的社会资源、更好的建设平台，高校之间在重大课题、高级人才等方面的争夺日趋白热化。在学校内部，高级专家、学术大家被视为核心竞争力，教授治校让更多的专家学者参与到学校重大决策中来，这部分群体也更容易成为民主权利的代表。专家学者如能作为普通群众利益的代表，在学校管理体系中施加正面的影响，为教师、学生的发展出谋划策，则能有效维护群众利益，如只从自身出发，过度聚焦自己本身的发展，则弱势学科专业的群众利益会受到侵害。

高校要将群众路线与办学治校深度结合。群众路线的执行情况，影响高校的方方面面，也直接关系到组织群众凝聚力的水平与程度。要办好人民满意的高等教育，必须着力破解在办学理念、办学目标、体制机制上存在的瓶颈问题。一所高水平大学的创建，需要上上下下坚定改革发展目标，凝聚发展共识，而良好的党群干群关系是保证学校教育事业健康发展的重要保障。在高校发展过程中，全体师生还需要秉承优良的办学传统，以党员干部过硬的作风素质作为着力点，不断提高各支队伍的整体素质和执行力，强化"四个服务"的意识，即"为人民服务，为中国共产党治国理政服务，为巩固和发展中国特色社会主义制度服务，为改革开放和社会主义现代化建设服务"[①]。要创造性发展、创新性继承大学精神，以共同的价值理念和精神追求，团结一切可以团结的力量，不断强化学校的管风、教风、学风、校风，成为全体师生员工遵循的行为准则。要将管理重心下沉一级，切实关注师生员工学习、工作中的热点和难点问题，不断改善民生，做好党务公开、校务公开工作，创造安居乐业的生活学习环境。

三、高校群众工作的主要内容

群众路线在高校应被视为生命线和根本工作路线。从高校的基本职能来讲，人才培养、科学研究、社会服务和文化传承必须贯彻以人民为中心的立

---

① 《中国共产党普通高等学校基层组织工作条例》，人民出版社，2021年，第4页。

场,坚持一切依靠师生,一切为了师生,从师生中来,到师生中去的工作方式方法,稳步推进学校教育事业又好又快发展。

树立群众观念,要聚焦办学水平的提升。对高校而言,人才培养是基础性的职能,教师和学生是最基本的活动主体,要始终发挥师生的主观能动性,不断改进教育平台,培育高水平人才,建设让人民满意的高校。要不断深化人事改革,从广大教师的切实需要出发,充分考虑教师职业生涯的稳健发展,根据教师角色定位和工作中心的不同设置合理的培养方案和晋升途径。针对学生的全面发展,要用学生自我管理的新模式取代校方管控的旧模式,增设第二课堂,满足学生多元化的教育需求。在实践工作中,挖掘和鼓励师生的首创精神,调动师生参与学校发展的积极性、主动性和创造性。

树立群众观念,要聚焦科学决策水平。高校并不缺少理论基础,在改革发展上,更重要的是理论和实践相结合,这就需要不断加强民意调查,加强与师生的日常沟通,针对学校发展的关键短板,创新发展思路,创新发展举措。要注重不断提升学校科研的水平,通过建设理论中心来提高科学调查水平。在传统的电话接待访问、群众意见箱、邮件调研渠道的基础上,要进一步下沉,让领导干部和广大师生直接面对面,设置固定的主题,确保可以听到真声音、了解真情况。在改革发展中特别要坚持"问题导向",尤其是对待学科建设、教育培养、科学研究等问题,要全面集中各个方面的意见和建议,汇聚更加广泛的智慧,通过改革解决师生反映强烈的问题。

树立群众观念,要聚焦回应师生关切。习近平总书记指出:"我们要始终把人民立场作为根本立场,把为人民谋幸福作为根本使命,坚持全心全意为人民服务的根本宗旨,贯彻群众路线,尊重人民主体地位和首创精神,始终保持同人民群众的血肉联系,凝聚起众志成城的磅礴力量,团结带领人民共同创造历史伟业。"[①] 对于高校而言,衡量学校工作是否具有成效,应当以是否代表了师生的期盼,是否回应了师生最真切的需要为标准。在党内教育的开展过程中,要时刻注意问题从群众中来,解决问题群众是否满意,努力构建一套卓有成效的群众意见处理反馈机制,确保意见和建议真正落实落地。

---

① 习近平著:《在纪念马克思诞辰 200 周年大会上的讲话》,人民出版社,2018 年,第 17 页。

案例：陕西理工学院多措并举促进党的群众路线教育实践活动显实效[①]

——精心部署，加强督导。院党委高度重视党的群众路线教育实践活动，领导班子成员通过党委中心组专题学习，先学一步；院党委召开专题会议讨论通过了该院教育实践活动方案，成立了由院党委书记挂帅的教育实践活动领导小组，设立了由院领导任组长的活动办公室和督查组，办公室下设组织、综合、宣传三个工作组，督查组下设八个督导组。坚持每周一上午的领导小组例会制度，具体安排教育实践活动每周工作要点；督导组实施周报表制度，及时总结每周教育实践活动任务完成情况，分析存在的问题，部署新的督导任务。通过全院动员大会，院领导及各督导组深入各党总支的"再动员、再部署"工作中，增强了党员、干部的"主体意识""责任意识""参与意识"，为活动的有序开展奠定了扎实的基础。在各环节工作开展中，院党委、院级领导班子和处级领导班子对统筹方案的制定、会议材料的严密性核对、专题民主生活会的召开、领导班子整改落实方案的制定和落实等方面进行了精心部署，坚持结合实际、专题研究、科学规划、详细安排，从而保证了学院教育实践活动扎实有序地开展。

——创新形式，深入学习。学院党委中心组深入学习党的十八届三中全会精神，以及习近平总书记在河北省委常委班子专题民主生活会上的讲话精神，把教育实践活动与学院"创大"工作结合起来，着力解决群众关心的热点难点问题，推动学院各项工作稳步前进。学院成立了党的群众路线教育实践活动演讲团，在宣讲中不断实践，并以此为桥梁深入开展学院党的群众路线教育实践工作，把学习教育贯穿活动始终。理论宣讲团由资深的党务工作者和专家教授组成，宣讲团根据宣讲对象不同的特点，组织成员深入各党总支开展宣讲活动，以增强理论宣讲的针对性。

——广听民意，有的放矢。该院院领导带领督导组分赴各党总支指导党的群众路线教育实践工作的展开，潜心聆听师生员工、党员干部对学院及领导班子在"四风"方面以及学院改革、发展等方面的意见和建议。党委书记、院长发挥表率作用，认真学习，掌握精神，作辅导报告，深入基层，听取民意，组

[①] 《陕西理工学院立足实际扎实开展党的群众路线教育实践活动》，http://www.moe.gov.cn/jyb_xwfb/s6192/s133/s209/202109/t20210902_557774.html。

织召开各层面座谈会,听取师生对院级班子和个人"四风"方面的突出问题、学院发展中存在的制约因素、师生反映强烈且最期盼解决的问题等相关意见和建议。通过召开座谈会、深入教学单位、走访各职能部门、与师生谈心等方式,开展专题调研活动70余次,征集意见共165条,结合省督导组反馈的58条意见建议,最终归纳整理为8个方面133条。各二级学院、各单位和各级领导干部在前期调研基础上,纷纷采取多种形式,深入教学系部、班级、寝室、科研团队和师生员工中,通过上门走访、个别访谈、召开座谈会、设立意见箱等方式,广泛听取意见和建议。学院相关部门对意见建议分门别类地反馈,为有的放矢开展教育实践活动奠定了坚实基础。

——深刻查摆,找准问题。在省委督导组的指导下,院党委深刻严肃地查摆自身问题、开展批评,确保活动达到发现问题、解决问题、改进作风、服务群众的预期目标。院级、处级班子成员之间,院领导与各级干部、党员之间普遍开展交心谈心活动,把问题和矛盾解决在专题民主生活会前,为开好专题民主生活会奠定基础。学院分别以"科学发展""宗旨意识和服务质量""学科建设与办好人民满意大学"为主题,召开了三次专题研讨会,查找出学科建设和人才队伍建设是制约学院发展的最主要的瓶颈因素。会议研讨达成共识,指出要强化宗旨意识,提升服务质量,抓好学科建设与人才队伍建设,创办人民满意的大学。活动办公室对处级班子专题民主生活会方案以及处级党员领导干部的个人对照检查材料提出要求,采取分管方式或联系院领导与督导组"双审"把关,坚持"五个不放过"和"四个坚持"的要求;同时要求在处级班子专题民主生活会方案后另附各单位"边学边改、边查边改"情况材料,对前期群众反映的突出问题能立即整改的立行立改。学院党委及各二级单位分别召开了高质量的民主生活会及通报会,各党支部开展了专题组织生活会,开展批评与自我批评,提高思想认识,解决思想问题。会议严格落实"照镜子、正衣冠、洗洗澡、治治病"的总要求,聚焦"四风"问题,剖析思想根源,认真开展批评和自我批评,进一步明确整改思路和措施。院领导和督导组全程督促指导各二级单位的专题民主生活会及通报会,达到了"红红脸、出出汗、加加油、鼓鼓劲"的效果。

——舆论引导,营造氛围。在推进教育实践活动的过程中,学院采取多种形式开辟宣传阵地,多层次全方位地营造教育实践活动的良好氛围。活动开展以来,《陕西理工学院报》刊发教育实践活动专题宣传报道15篇,设置专栏2个;在"陕西理工学院校园网"校园新闻宣传报道20余篇;设计制作"陕西理工学院教育实践活动专题网站"编发各类宣传稿件240余篇;编发"教育实践活动电子简报"13期;通过院园"手机报"宣传平台发表教育实践活动专题刊物8篇。多媒介的舆论宣传为开展教育实践活动、加强学习交流、提升思想认识、拓宽群众参与渠道等营造了良好氛围,为全院教育实践活动创新而富有特色地不断推进发挥了积极作用。

——分类整改,建章立制。在本次教育实践活动中,学院领导班子成员从"四风"方面存在的突出问题入手,通过自我分析,共有152名副处以上党员干部撰写了个人对照检查材料与个人整改措施。各二级单位共提交整改方案49份,专项整治方案42份,制度建设计划49份。通过研究讨论、征求意见确定了由8位院领导牵头、20个责任部门负责,分别涉及"制度建设""强化管理""院园建设"和"以生为本"4个方面的共50项整改重点工作,并开展专门整改,其中已完成整改32项,18项正在整改。同时做好制度的"废改立"工作,探索长效机制的建立,巩固教育实践活动取得的成效。学院层面共梳理规章制度200余项,新建规章制度10项,修订完善18项,废止24项。

——转变作风,解决问题。学院党委始终坚持"转变作风,解决问题"这个根本,针对省督导组反馈的群众意见及查摆中发现的问题,认真贯彻执行中央八项规定和上级党委的相关要求,做到会议文件化繁为简,日常工作勤俭节约,以强硬的态度和制度反对"四风"。教育实践活动开展以来,精简文件11%,压缩"三公"经费42%,减少因公出国(境)1批次20人。针对师生反映的突出问题,分类召开"边学边改"推进会、研讨会等,把活动落实到解决群众关心的问题上,在"群众路线教育实践专题网"开设的"回音壁"专栏及时通报学院和各单位解决群众反映问题的情况,以实际行动回应群众关切,接受群众监督,推进整改落实。

第二节　完善联系服务师生工作制度

一、高校密切党群关系的重要意义与问题

习近平总书记用"水乳交融、生死与共"①高度概括和总结了沂蒙精神的深刻内涵，向我们揭示了党同人民、军队与老百姓同心同向、血肉相连的关系，深刻回答了马克思主义政党发展的关键在于为了谁、依靠谁。党的十九大报告提出，"使人民获得感、幸福感、安全感更加充实、更有保障、更可持续"②。这为贯彻群众路线，密切新时代党群关系提出了现实要求。

良好的党群关系是践行党的宗旨的内在需求。强化党和群众的血肉联系是我们党生存的关键。习近平总书记指出："我们要坚持一切为了人民、一切依靠人民，保持同人民的血肉联系，紧紧依靠人民开拓事业新局面，促进全体人民共同富裕。"③党员干部本身是来自基层的，保持党群关系的和谐稳定，是党员干部自身成长进步的重要基础，也是实现党的宗旨的自然要求。只有构建起党组织和党员干部联系群众的实在制度机制，才能了解群众的生活状态和精神状况，感受到群众的所需所想，才能在与群众的互动中培养真挚的感情，才能自觉自愿地融入和服务于群众。

良好的党群关系是巩固党的执政基础需要。从历史唯物史观看，人民群众是历史的创造者，从政党更替到国家兴衰，人民群众的力量都是强大和不可替代的。只有保持良好的党群关系，经常性深入群众，团结群众，才能获得群众的拥护和支持，党的执政基础才能得到巩固。当前的党情世情都在发生深刻变化，群众对美好生活的期待和向往比任何时刻都更加强烈，对党的深刻期待也在不断增加。执政基础是否能够进一步巩固，关键在于党组织和党员干部能否

---

① 徐东升、汲广运等著：《马克思主义群众观视域下的沂蒙精神研究》，人民出版社，2019年，第45页。
② 习近平著：《决胜全面建成小康社会　夺取新时代中国特色社会主义伟大胜利——在中国共产党第十九次全国代表大会上的报告》，人民出版社，2017年，第45页。
③ 习近平著：《在纪念中国人民抗日战争暨世界反法西斯战争胜利75周年座谈会上的讲话》，人民出版社，2020年，第12页。

及时适应新形势经济社会发展的需要，更好地理解群众，在重要问题上尊重和征询群众的意见和建议，更好地融入人民群众，创新党群联系方式。

良好的党群关系是建成小康社会的现实需要。建设社会主义现代化国家，全面建成小康社会，需要最广大人民群众的参与，调动一切可以调动的力量。习近平总书记号召"撸起袖子加油干"①。有明确的目标是远远不够的，实现中华民族伟大复兴还需要人民群众的支持和集体的力量，这就要求党组织和党员领导干部充分调动人民群众的主观能动性，引领群众，与人民群众拧成一股绳，带领群众参与社会主义现代化的建设全过程。要把主要精力放在人民群众身上，坚持"为人民服务"的根本理念，时刻把人民的需求摆在首位，通过联系群众的活动，实现共同的理想。

高校党支部作为高等学校党组织建设和管理的基本单位，在改进联系服务师生机制、凝聚师生共识方面具有基础性地位，发挥着桥梁和纽带的作用。伴随着高等教育改革发展，新时期高校密切服务师生机制，创建新型的服务型党组织不仅可以有效提升广大师生员工对党组织和学校的归属感和认同感，同时也有助于提升广大师生党员宗旨意识，凝聚最广大的力量，共同推动高校的内涵发展，形成积极向上的校园文化环境，为思想政治工作的开展提供有力的保障。

然而，在"双一流"建设的大背景下，高校事业发展不断提速，内部利益格局发生深刻变化，矛盾和问题也进一步凸显，亟须加大内部调节力度。学科专业院系调整越发频繁，教学科研管理制度改革指向性越发精准，收入分配、职称评定深入改革，学生管理与就业形式越发复杂，深刻广泛地影响着高校的内部关系。高校教师学生对内部改革的关注度不断提高，参与学校改革发展的民主意识也在不断增强，对自身利益的关注十分强烈。这些新的情况和问题，对高校党组织、党员领导干部做好新时代的思想工作和群众工作提出了新的挑战，而就当前党组织运行的情况来看，依然存在着不足之处。

在制度层面，固有的党组织和党员干部联系师生的机制不完善。2019年，中共教育部党组制定了《关于加强和改进高校领导干部深入基层联系学生工作的通知》，对重点任务作出了明确的规定，如"高校领导班子每名成员每学期至少给学生讲1堂思想政治理论课或形势政策课，每周至少'面对面'接触学

---

① 《国家主席习近平发表二〇一七年新年贺词》，《人民日报》，2017年1月1日第1版。

生 1 次"①。建议领导班子成员以学生社团、班级、宿舍为单位加强与学生的沟通。校领导班子成员要贯彻党的群众路线，缩减非必要差旅活动，减少形式化会议流程，把工作重心放在校园，通过学校的文体活动和主题党群活动加强与学生的交流，等等。但目前依然存在把开集体大会讲话等同于思政课，把下基层调研增加学生代表等同于联系学生班级等形式化方法。学校自己制定的"土办法"指向性不明确，内容不够具体，弹性行为和操作空间过大，监督和考核没有有效方法，党组织和党员领导干部职责不明确，作用发挥不够充分。

在实践层面，还存在固有做法跟不上形势变化的问题。在很长一段时间内，高校在联系群众方面已经形成了较为成熟的工作方式方法，如党组织负责人本身就有交心谈心的工作任务，党员领导干部在参与基层集体座谈、个别谈话等活动时，会在一定程度上直接面对师生群众，沟通也较为充分。但一些基层单位为了掩盖矛盾和问题，安排座谈人员往往都是"精挑细选"，发言和问题也都是"精心打磨"，不容易发现基层的真实问题，按照制度走过场，影响联系的质量。如何利用"两微一端"等新媒体发挥联系师生群众的作用，创新方式方法成为高等学校一个新的课题。

在作风层面，群众意识淡薄、官僚主义抬头情况仍然存在。高校作为教育单位，虽然在教学科研管理、事务事项审批、后勤管理、学生教育管理等方面具有一定的行政色彩，但与传统的行政权力部门还是有着本质上的区别。不过其中的别基层党组织和党员领导干部，无法正确对待自己的地位，不能很好转变自身的角色，不自觉地疏远了与师生群众的距离。对师生群众的诉求漠不关心，反应不敏感，只做自己愿意做的事情，管理作风漂浮。面对上级任务和基层问题，简单地以文件落实文件、以会议落实会议，闭门造车回应和解决师生关切的问题。

在管理层面，师生民主参与的制度和效果不理想。高校普遍有党代会、教代会等民主管理的平台和方式，但在实际工作中，党代表、职工代表发挥作用不明显，代表的议案和诉求并不是师生的诉求，基层师生员工没有很好的渠道实现民主管理，挫伤了师生参与的积极性。

二、高校密切党群关系的基本路径

党组织和党员领导干部日常联系群众的实践经验表明，无论是宣传群众、

---

① 中共教育部党组:《中共教育部党组关于加强和改进高校领导干部深入基层联系学生工作的通知》，http://www.moe.gov.cn/srcsite/A12/s7060/201903/t20190329_376010.html。

发动群众、服务群众，还是推进基层组织建设都取得了一定的进展和效果。随着经济社会发展，高校受到各方面思潮的冲击，联系师生的方式方法也显现出一些新的特点，但其基本路径与核心理念仍然是时刻保持与师生的血肉联系。

（一）提升思想觉悟是高校密切党群关系的基本方法

一是不断优化上下沟通协调的能力。对上要让师生员工充分领会上级组织的意图，保证中央、省委和学校党委的战略部署能够落实在基层。对下是要让师生员工积极参与学校改革发展，同时保证师生员工可以有通畅的渠道，能够把合理的政策建议集中起来，把矛盾突出的问题解决好。二是不断优化角色转位的能力。长期以来，部分学校师生员工的诉求表达不畅，信息不平衡不对等，一部分师生还可能淡化自身的主人翁意识，认为稍有不同的意见，就有可能产生不可调和的矛盾。这就需要各级领导干部时刻保持群众意识，遇到问题灵活转变角色，换位思考师生群众的做法，提升解决问题的效率。三是不断优化群众决策能力。近年来，从上到下倡导调研之风，能够让更多的党员领导干部了解师生的意愿和想法，提高对群众工作的驾驭能力，培养自己的创新思维能力，解决好学校综合改革带来的矛盾和利益冲突。

（二）提升服务效果是高校密切党群关系的最终目标

党员领导干部直接联系师生，让两个群体的心理距离越来越近，逐渐融合为一个命运共同体，培养党员干部和师生群众之间的深厚感情。对师生关心的问题，无论是否能够得到完全解决，都要及时回应，能解决的立即行动，让师生群众看到党组织的行动力和执行力；不能当下解决的也要说明原因，和师生群众共同努力寻找可能的解决方案。要花大力气和精力解决师生诸如学习条件改善、生活基本条件保证、个人发展等实实在在的问题，让师生获得实实在在的实惠，更有获得感和幸福感，构建党群和谐关系。

（三）保持稳定是高校密切党群关系的第一要务

改革开放 40 余年，中国经济社会发展取得了令人瞩目的成就，社会也发生了深刻的变革，对于高等教育而言，其作用和地位也提升到了前所未有的高度。这种改变对高校的发展无疑注入了新的活力，但随之而来的也引起了新的矛盾和变化，这些矛盾和变化是处于高校内部的，需要我们妥善加以解决。例如学生需要更有内涵、更具针对性的教学资源，更高水平的生活服务，教师要应对教学模式的改革、科研评价体系导向的变化、院系调整、专业认证等带来的新的挑战和传统工作方式的改变。种种矛盾和问题的出现让高校内部处于一种变化和不稳定的状态，这要求党员干部一定要联系师生，走到师生群体中去，多帮助师生解决一些矛盾和问题，以促进学校改革发展。加之中美贸易摩擦、意识形态的激烈交锋等日趋激烈，对师生思想状态影响极大，党员干部更需要通过联系师生的实践活动，来维护高等学校发展的稳定。

（四）推动发展是高校密切党群关系的着力点

党组织和党员领导干部联系师生，其根本的目的和着力点还是在于组织师生、服务师生，共同推动学校的改革发展，不断改善学生求学环境和教师干事就业环境。党员干部在开展工作的实践中，直接面对的主体就是广大师生，因此，要明确自身工作就是为了师生，工作要依靠师生。习近平总书记在同菏泽市及县区主要负责同志座谈时指出："穿百姓之衣，吃百姓之饭，莫以百姓可欺，自己也是百姓。"① 党员领导干部只有把自己也看作师生中的一员，才能真正作为，想师生之所想、急师生之所急。同时，党员领导干部要充分认识到党的力量源泉是什么。高校的改革发展无论到了哪一步，学校无论取得了多大的进步和成就，都是在不同的历史时期和发展阶段因团结带领广大师生而实现的。正因为如此，无论处在何种发展时期，都必须把师生的利益放在第一位。

（五）解决突出问题是高校密切党群关系的主要方法

党的十八大以来，全面从严治党不断向基层延伸，党群关系越发密切。这深刻地表明，党对于加强自身建设和联系服务群众关系的认识更加深入。就高等学校而言，主要聚焦在党组织自身建设和党员领导干部作风两个方面。对于基层组织建设的问题而言，主要包括组织生活制度落实不到位，组织生活坚持不够好，程序不规范，执行流于形式，内容僵化死板，党员的先锋模范作用发挥不够，师生党员对党员身份的认同不够，缺乏较高的责任感和荣誉感，党员服务群众的意识较差，进取精神不足，把自己等同于普通群众。对于党员干部作风问题而言，部分党员干部脱离师生，官僚主义滋生，不去主动关心师生，只关心自己的位置和利益，满足于在办公室运筹帷幄，听不进师生的意见，这些都是密切党群关系需要解决的重要问题。

---

① 人民日报评论部著：《习近平讲故事》，人民出版社，2017年，第68页。

三、高校密切党群关系的长效机制

习近平总书记在党的群众路线教育实践活动工作会议上指出:"保持党同人民群众的血肉联系是一个永恒课题,作风问题具有反复性和顽固性,必须经常抓、长期抓,特别是要建立健全促进党员、干部坚持为民务实清廉的长效机制。"[1] 要在旧制度的土壤上发展新制度。新制度一旦产生,就要做到令行禁止,严格遵守。密切联系师生始终是高校党委的一项至关重要的工作。贯彻和执行联系师生的制度机制,推进党的群众工作落实落地,涉及各个方面的内容,必须进一步创新和完善联系师生的方式方法,在党的群众工作制度体系中强化执行力。

(一)完善联系师生工作机制

建立一个常态化的联系师生制度是长期的、复杂的系统工程,需要高校内部所有二级党组织广泛参与,调动全校师生员工的参与热情。要想方设法为联系师生工作搭建如"校领导面对面""宿舍夜谈"等生动活泼、贴近师生的工作载体。要充分发挥各级党员领导干部的作用,推进机关干部和学院干部的双向交流,换位思考,提高党员领导干部服务师生的能力和水平。要开展党员承诺、先锋岗位等具体的实践活动,使广大师生党员能够从自身的条件和利益出发,在学校改革发展中起到示范带头作用,在联系群众中培养和锤炼党性修养。要推动建立学校机关干部和学生群体的联系、指导机制,在日常活动中增进党群关系,在互相交流中接受教育。

(二)完善联系师生保障机制

基层党组织在一定程度上来讲可以配置的资源是十分有限的,因此就必须更加合理地发挥自身的政治优势和组织优势,运用各种手段和方法,开展师生服务工作,加强师生党内互助,党员志愿者服务工作,师生组织共建等活动。高校党委应该从其留存党费中划定一部分专项经费,用于保障党员干部联系师生、开展活动。党组织要进一步扩展思路,努力开拓社会资源,将师生服务活动推向社区、推向产业园区、推向就业实习基地等。要注重在基层上培养干部,让善于做群众工作、热心于基层发展的干部在基层大展拳脚,在政治待

---

[1] 本书编写组编著:《党的群众路线教育实践活动读本》,人民出版社,2013年,第4页。

遇、职级晋升、生活保障等方面提供有力的支持。

（三）完善联系师生评估机制

党员干部联系师生的工作实际要进行检查和评议，检验考核联系服务效果。要建立联系师生工作的经常性交流平台，直接把联系师生作为干部年度考核和绩效考核的重要指标，要在日常考核中对联系师生工作赋予一定的权重，对于表现优秀的干部，要给予相应的奖励，激发党员干部联系师生、服务师生的热情。要研究和建立基层党组织、党员领导干部评议公示制度，方便师生对群众工作和领导干部进行点评和反馈，让师生来评价和监督，提升工作实效。

（四）完善联系师生监督机制

要努力推进全面从严治党，强化党内政治生活的监督，严肃党媒政治纪律，特别是将批评和自我批评作为常态化检查的重要方面。要充分发挥高校纪委的作用，适时开展内部巡查工作，确保党内监督不留死角。此外，还要建立健全校内的舆论监督体系，畅通监督渠道，让脱离师生、脱离群众的现象无处藏身。在服务单位、窗口单位要亮明党员身份，促使党员干部职工端正服务态度和提高服务水平，展现优良的共产党员形象和作风，让广大师生可以面对面直接监督党员的工作情况。

（五）完善联系师生激励机制

要采取物质奖励和精神奖励相结合的方式，以精神奖励为主，提高党员干部关心师生、服务师生的热情。无论是党员干部、党员师生，还是群众，从根本上讲都是需要激励的。精神奖励可以通过满足人的荣誉感和成就感，最大限度地调动做事的积极性、主动性。在联系师生工作做得优秀的党员中设置"先锋岗""模范岗"可以进一步提升党员的自我认同感。同时可以为党员制定联系师生的责任目标，引导和激励党员将主动联系师生作为创先争优、干事创业的具体做法。

案例：面对面　键对键　心贴心
——内蒙古师范大学扎实推进领导干部深入基层联系学生工作①

内蒙古师范大学坚持各项制度联动发力，形成育人合力，确保各项制度安排同频共振。2015年印发《内蒙古师范大学听课制度》，主要规定了各级领导和管理人员应深入课堂一线，实地分析问题，解决教学困难，保障教学质量。2019年印发《关于内蒙古师范大学共青团干部开展"驻校蹲班"活动的通知》，密切学校共青团干部与广大青年学生的联系，服务基层，转变作风，提升基层组织活力。制定了《内蒙古师范大学校领导和职能部门领导联系班级制度》，全体校领导和职能部门领导每人联系1个班级，通过巡访座谈、参加活动、指导督促、网络等形式下到班级，潜心倾听学生心声，本着"指导不主导，督办不包办，到位不越位，依靠不依赖"的原则，加强与学生工作队伍的联动配合，抓一个问题、了解一个动态、化解一个矛盾、办一件实事，共同合力服务学生成长成才，构建良好的"三全育人"大环境。

扎实开展工作，定位航向引领学生。校领导和职能处室领导带头引导广大领导干部深入学生班级，从"抓问题、查动态、化矛盾、办实事"入手，坚持问题导向联系、情真意切联系、实实在在联系，从大学生密切相关的生活、就业等问题入手，实实在在解决大学生的实际困难，教育指导学生学会做人、学会做事、学会学习、学会发展。联系制度明确了领导干部深入基层联系班级的"四项主要职责"：精心引导，厚植情怀，做学生奉献祖国的引路人；切实服务，加强指导，做学生干部创新工作思维的引路人；榜样领航，铸魂育人，做学生学习知识的引路人；深入班级，解决难题，做学生锤炼品格的引路人，用高尚的人格感染同学，用真理的力量感召同学，用丰富的理论知识影响和带动同学，充分发挥带头模范作用，成为群体中令人信服的表率。

聚焦党代会目标，因时因势教育学生。深刻领会学校第十一次党代会奋斗目标和发展思路，将学校发展战略、办学理念、价值体系、激励机制、教师精力、学校资源等分享给学生，让学生进一步统一思想，了解学校发展面临的现状；进一步明确目标，使学生的个人进步与学校发展同心同向；进一步抓好落实，使联系班级工作与学校各项具体任务的推进保持节奏一致。深入研判当前

---

① 《面对面　键对键　心贴心——内蒙古师范大学扎实推进领导干部深入基层联系学生工作》，https://www.imnu.edu.cn/info/1181/3140.htm。

学生群体特征，因时因势推进联系班级工作有效开展，强调"人岗匹配""人岗相宜"，根据领导干部专业领域、定点联系单位情况，科学系统安排领导干部进入学生班级指导工作，提高联系工作的针对性。尊重大学生思想政治工作的一般规律，从学生成长成才的角度，认真分析大学生在校的具体成长需要，深入学生群体进行面对面、点对点沟通交流，拉近干部与学生、学校与学生的距离，努力成为学生喜爱和认可的人。

对具体工作采取量化达标，提高服务学生的实效性。明确要求每位领导干部切实做到"三个一""三个纳入"，把联系学生工作作为改进和提高工作的重要手段，用实际行动践行立德树人根本任务。"三个一"即联系班级不少于一次；每两个月参加班会或班委会议不少于一次，了解班风、学风建设，积极帮助班级解决实际问题和困难；每学期参与班级座谈不少于一次，实时了解学生在每个阶段遇到的情况和问题，重点联系辅导员、班主任采取有效措施帮助学生成长。"三个纳入"即党委将联系学生班级工作情况纳入领导干部考核评价、纳入年度民主生活会对照检查内容、纳入党委书记抓党建工作述职评议考核项目中，确保联系班级工作落到实处。

第三节　严格执行群众纪律

一、高校群众纪律的重要地位

高校群众纪律既是高校党风廉政建设的主要内容，又是高等教育管理中的重要工作，对高校健康持续发展起着至关重要的作用。良好的群众工作作风，会促使一所学校的学风、教风、校风向好的方向发展，而脱离群众的作风则会给高校风气造成恶劣的影响，甚至对整个学校改革发展造成破坏。在不同的历史时期，高校在严肃群众纪律的过程中，虽然出现了一些教训和挫折，但总体上积累了宝贵经验。

1949—1965年，新中国成立初，党中央从部队、机关等选调了大批党员干部到高校担任领导职务，在教育建设中贯彻了全心全意为人民服务的宗旨，从严从实恪守群众纪律，艰苦奋斗，在极为艰苦的办学条件和环境下，团结广大师生，为高校优良的作风形成和学校发展做出了突出贡献。这为党树立了清廉执政的光辉形象，受到师生拥护和支持，不仅将群众观念贯彻在高等学校的办学实践上，而且为高校的发展营造了良好的环境，培养了一批肯吃苦、乐奉献的社会主义建设者和接班人。

1966—1976年，受到"文化大革命"的影响，高校名义上是直接依靠群众，实际上脱离了党的组织和广大群众。群众纪律建设也处于一种中断的状态，给自身造成了巨大的破坏，留下了深刻的教训。

1977—1989年，党的十一届三中全会召开，是我国高等教育发展的一次重大转折。《全国重点高等学校暂行工作条例》等一系列重大文件的出台，对高校学科建设、教学、科研等重要方面进行综合改革，针对高校的发展建立了新的秩序。《中共中央关于教育体制改革的决定》的出台，基本确立了党委领导下的校长负责制工作格局。同时，受到改革开放思潮影响，原本相对封闭的高等教育遭受到一定的冲击，加之制度机制不完善，一些高校出现了"利益至上"的思维倾向，破坏了党风、校风。针对这些问题，通过优化制度机制，高校群众纪律逐渐严明，对这一时期的高校纪律恢复重建起到积极作用。

1990—2012年，高校群众纪律处于一段完善发展时期。由于市场经济的影响，高校开始出现拜金主义、个人主义等不良风气，一部分党员领导干部群体中开始出现无视党纪国法，一切从自身出发，严重脱离群众，以权谋私、钱权交易、弄虚作假、争名夺利等现象，严重破坏了党群关系。随着《中国共产党党内监督条例（试行）》《直属高校党员领导干部廉洁自律"十不准"》《关于加强高等学校反腐倡廉建设的意见》等制度的出台，高校党风廉政建设责任制逐步体系化，群众纪律受到高度重视，保证了高等教育的高速发展。

党的十八大后，高校群众纪律进入了一段新的发展时期。2013年，全党开展了一系列党的群众路线教育实践活动。后陆续出台了《关于深入推进高等学校惩治和预防腐败体系建设的意见》《建立健全惩治和预防腐败体系2013—2017年工作规划》等文件，加强作风建设、维护群众利益逐渐成为主旋律。"八项规定"的出台，极大改变了全国党员领导干部的行为习惯，作风建设逐步延伸至"八小时以外"，在高校，党员干部以身作则，工作之余深入联系师生，党群关系进一步密切，一个清正、廉洁的高等教育环境正在形成。

党的十九大报告指出："加强作风建设，必须紧紧围绕保持党同人民群众的血肉联系，增强群众观念和群众感情，不断厚植党执政的群众基础。"① 严

---

① 习近平著：《决胜全面建成小康社会 夺取新时代中国特色社会主义伟大胜利——在中国共产党第十九次全国代表大会上的报告》，人民出版社，2017年，第66页。

格遵循群众纪律,加强作风建设,有利于高校领导干部和师生涵养积极的思想品质,推动依法治校,保障"双一流"建设稳步发展。

依纪依规严明群众纪律,是实现立德树人根本任务的关键。习近平总书记指出:"全面从严治党,是我们党在新形势下进行具有许多新的历史特点的伟大斗争的根本保证。"[①] 在高校落实全面从严治党的过程中,群众纪律建设作为其中的一个重要方面,从客观上就要求我们把群众纪律贯穿到整个立德树人的过程中去。反之,如果离开立德树人的根本目的,群众纪律建设则没有方向和着力点。近年来,高校中侵占师生利益的违纪违法案件时有发生,造成了恶劣的影响,尤其是对学生的理想信念、道德品质培养树立产生了负面作用,如不加以整治,则会影响立德树人目标的顺利实现。

依纪依规严明群众纪律,是强化党风廉政建设的要求。习近平总书记强调:"思想上松一寸,行动上就会散一尺。"[②] 高校领导干部的思想境界、行为举止和精神状态直接影响着学校的改革发展成败。强化党风廉政建设,就是要不断强化群众纪律观念,把党规党纪落到实处,把纪律和规矩放在首位,将师生的切身利益看得高于一切,将群众纪律的基本要求作为自己的行为规范。

依纪依规严明群众纪律,是依纪监督的关键环节。习近平总书记强调:"执行党的纪律不能有任何含糊,不能让党纪党规成为纸老虎、稻草人,造成'破窗效应'。"[③] 有纪律不执行往往会比没有纪律约束产生更加严重的后果。在执行纪律时,群众纪律占有基础性的地位,其影响大,涉及面广,如果出现问题,则是群体性的。对涉及师生利益的苗头性、倾向性问题如果不加以抓早抓小,就会演变成大问题,严重影响学校的改革发展稳定。尤其在基础建设、后勤管理、物资采购、招生资助等方面,要时刻警惕损害师生利益的案件、群体性事件。

二、高校群众纪律的主要内涵

执行群众纪律作为高校文化的一个具体表现,在某种程度而言,是一种勤

---

① 中共中央文献研究室编:《习近平关于全面从严治党论述摘编》,中央文献出版社,2016年,第9页。

② 中共中央文献研究室编:《习近平关于协调推进"四个全面"战略布局论述摘编》,中央文献出版社,2015年,第141页。

③ 中共中央纪律检查委员会、中共中央文献研究室编:《习近平关于严明党的纪律和规矩论述摘编》,中央文献出版社、中国方正出版社,2016年,第79页。

政廉政的文化,是党的纪律建设和高校自身发展逐步形成的大学精神的一种有机结合。从这个切入点出发,高校群众纪律在精神层面、制度层面和行为层面有着不同的体现形式,每个方面既相互融合又相对独立,共同构建出高校群众纪律建设的整体。

群众纪律在精神层面主要指的是群众工作的思维方式、群众观点价值体系的构建、群众工作中的道德规范、群众工作氛围等内在精神因素的综合,是高校全体师生的一种共同认同和遵循。这种群众精神在实际工作中起着举足轻重的作用,影响着校园中的每一个人,在精神文化层面发挥着导向和约束的作用,更是党风廉政建设中的精神动力。群众纪律不仅仅是一种隐性的教育方式,能够起到很好的导向作用,更是党风廉政教育的重要补充,能够集中体现出党风廉政建设的内容实质,也更能够通过特有的工作方式和文化氛围,潜移默化地影响学校领导干部和师生员工的价值观。

群众纪律在物质层面指的是看得见、摸得着的一种文化载体。高校在长期发展过程中,历史积淀了许多的楼阁、景观,这些往往都是文化建设的载体。在这些传承和坚持的精神品质中,透露出群众创造的智慧和结晶,展示出党政班子和群众携手创业的奋进之路。这些都能够对师生起到润物细无声的作用,感染和影响每一个人,潜移默化地将群众观点、群众纪律传递出来,营造出群众文化价值氛围。

群众纪律在制度层面,具有根本性和强制性的特点。没有规矩不成方圆,高校群众纪律仅仅靠正面的教育引导是远远不够的,更要靠强有力的制度保证。教育引导属于软性层面,但制度具有强制性,能起到中流砥柱的作用。领导干部深入基层的频率如何、开展哪些调研工作、如何尊重师生的利益、侵害发生如何处罚处置等,这些都可以进行制度上的约束,以适应不断发生变化的内部外部环境,保护高校领导干部和师生的利益,形成一个持续完善的制度体系。

群众纪律强调知行合一。党的十八大以来,习近平总书记多次强调"知行合一",要求党员干部既要加强理论学习、走在前列,又要结合实践、干在实处[①]。高等学校要树立群众纪律的观念,也必须强化行为一致。在日常工作和学习中都应严格执行群众纪律,绝不能当面一套、背后一套,更不能思想上背道而驰,否则就会导致作风漂浮,严重影响党在师生心目中的形象。高校中的领导干部和师生员工,在群众纪律的引导和约束下,养成廉政勤政的思想意

---

① 洪向华主编:《干部成长的六堂"必修课"》,人民出版社,2022年,第36页。

识，并在学习和工作中表现出来，进而涵养高校廉政文化。

群众纪律对于学生群体而言，具有丰富的育人内涵。本科生刚刚进入大学校园，也是刚刚获得成年人的身份特征，高校的管理者、教师、服务人员能否将大学生作为一个平等的角色加以对待，是执行好群众纪律的重要因素。不能因为大学生处在一个被管理、被教育的地位就忽视他们的具体需要，有意无意损害他们的利益。相反，对待大学生，更要强调严守群众纪律的重要性，让其感受到被尊重、被重视，自己的观点和想法可以顺畅地表达，感受到大学校园公平竞争的环境。这种人格的尊重，是课堂教育无法精准表达的，对于大学生的成长成才，特别是进入社会如何正确伸张自我的权利，如何与人和谐相处是极为重要的。而对于研究生来说，其虽然人身在校园，但生活和学习环境都发生了较大的变化，部分研究生称老师"老板"，和老师、同学做项目，当成给老板打工。这更加需要导师发挥正面作用，既要指导，又要合作共享，不仅重在教书，更重在育人。

群众纪律对于教师群体而言，具有激发激励作用。教师作为高校的生产力所在，是高校最具活力的群体之一。高校的管理者，尤其是教学科研管理部门的负责人，在面对教师的时候，要特别注意保护教师的积极性，在教师关系的教学科研认定、绩效分配、职称评审等问题上，要严格遵守群众纪律，让教师的付出得到相应的回报，要注重奖勤罚懒，让努力为学校付出的教师得到尊重和认可。不可借管理之便，减少教师所得，损害教师的合法权益。对骨干教师，要特别注重发挥他们的引领作用，创造良好的干事创业环境，提升服务水平。对青年教师，要注重保护其基本利益，营造稳定安全的生存环境，提升服务的精准性，尤其在子女教育、个人发展、住房保障等方面，投入更多精力，激发激励担当作为。

群众纪律对于高校管理者而言，具有约束作用。高校管理者，某种意义上而言掌握了学校更多的资源和利益分配的权力，同时自己也是收入分配体系中的一份子，要把自己作为普通教职工的一员进行考虑问题，坚决做到不与民争利。把更多的资源和条件投入学生和教师身上，切不可为了自己的政绩，搞形象工程、面子工程，造成对师生利益的损害。要用群众纪律时刻约束自己的言行和工作，融入管理的全过程，即其出发点应是为师生提供更好的服务和保障，落脚点是以服务师生促进学校全面发展。

三、高校群众纪律的执行路线

（一）群众纪律与大学精神的融合

"大学之道，在明明德，在亲民，在止于至善。"[①] 这不仅是大学的重要职能，更是大学的本质精神。"明明德"指培养引导人具有良好的德行，"亲民"指使人能够去除干扰达到自身的革新，"止于至善"指使人达到完善的人格。无论社会何种思潮侵扰和干预，无论人民的价值观受到何种程度功利与腐败的冲击，大学都应该保持独立和公正，应当具有自由、美好、高等的品质品格。如果大学也落入世俗和庸俗，甚至堕落腐败，那么整个社会的文明也将受到极大的损害。而群众纪律作为一种行为导向，本质上还是在要求弘扬一种公正、奉献的精神，两者具有一定的契合性。教师教书育人，如梅贻琦先生曾用"从游"来形容的师生关系[②]，就如同游泳的过程一样，教师引导在前，学生模仿在后，久而久之，教师的言行举止和人格品质就会变为学生的行为准则。教师关心学生、爱护学生、尊重学生，学生离开学校也会尊重他人，积极向上。当前，中国的大学正向着世界一流大学和一流学科发展，努力实现高等教育强国梦想。在实现过程中，不能单独追求数据指标的提升，而要更加注重内涵发展，办好社会主义大学，把人民群众的利益放在更高位置，把执行群众纪律放在更高位置，建设具有高尚品格的高水平大学。

（二）群众纪律与治理体系相结合

推进高校治理体系和治理能力现代化，根本上就是要逐步建立系统的利益平衡机制，有效调节大学政治权力、行政权力和学术权力之间的关系，相互配合，使之在一定范围能服务于大学发展的终极目标，形成党委领导、行政负责、教授治学的良性局面。群众纪律在高等学校治理体系运行中是一种行动内核，在一些高风险领域，如人事引进、基础建设、采购招标等，若没有强烈的群众纪律观念，就容易发展出学术腐败、钱权交易、暗箱操作等不良现象。这就需要处理好党政权力和民主权利之间的关系，完善党务公开、校务公开制度，让师生通过各种形式参与到学校的民主管理过程中，保障师生的知情权、

[①] 罗安宪主编：《大学 中庸》，人民出版社，2017年，第1页。
[②] 李有增、谢新水主编：《名师谈教学（专业篇）》，人民出版社，2014年，第260页。

参与权、监督权。定期召开教职工代表大会、学生代表大会等，充分发挥师生在学校民主管理和监督中的作用。

（三）群众纪律与制度建设相结合

习近平总书记在中国共产党第十八届中央纪律检查委员会第二次全体会议上的讲话指出："要加强对权力运行的制约和监督，把权力关进制度的笼子里，形成不敢腐的惩戒机制、不能腐的防范机制、不易腐的保障机制。"[1] 这足以见得制度建设的重要性。群众纪律实质上贯穿了党的纪律建设始终。在高等学校"三重一大"决策事项中，要摆正个人与集体的关系，要坚持集体领导、集体决策的民主集中制，要尊重和倾听群众的不同意见。要牢固树立法律面前人人平等的意识，在制度面前任何人都不能凌驾于法律和人民群众之上，做任何事、任何决策，都要考虑是否符合广大师生的利益，要把工作主动置于党纪国法和职工群众监督之下。

（四）群众纪律与权力监督相结合

高等教育领域出现的腐败案件，最根本原因还是个别领导干部的权力过于集中，群众监督缺乏相应的位置。首先要推进校务公开，在干部任用选拔、职称评审、工程招标、物资采购、科研经费管理等重点环节和关键部位，扩大群众的知情权、参与权，并对忽视群众监督的环节设立相应的纪律处罚标准，尽可能实现权力在阳光下运行，克服权力运行中的隐蔽性。其次要推进内部巡查，大力查处违反群众纪律的案件，从严处理相关责任人，坚持依法执纪、依法办案，提高查案办案水平，找出在管理和制度层面存在的漏洞，做好案件通报工作，起到查处一件、警示一片的效果。

（五）群众纪律与廉洁从政教育相结合

中共中央颁布的《建立健全教育、制度、监督并重的惩治和预防腐败体系实施纲要》指出："反腐倡廉教育要以领导干部为重点。"[2] 群众纪律执行的关键也同样是领导干部。要强化理想信念教育，一些领导干部脱离群众，走向违

---

[1] 本书编写组编著：《〈中共中央关于全面深化改革若干重大问题的决定〉辅导读本》，人民出版社，2013年，第74页。

[2] 本书编写组编著：《建立健全教育、制度、监督并重的惩治和预防腐败体系实施纲要（学习百问）》，人民出版社，2005年，第9页。

纪违法，从根本上讲还是世界观、人生观这个"总开关"出了问题。① 要时刻坚定共产主义的伟大理想，以习近平新时代中国特色社会主义思想为方向标，夯实群众观点的根基。要强化党风党性教育，党性教育和作风建设相辅相成，打铁必须自身硬，把自身党性建设和群众观点相结合，贯彻执行《中国共产党党员领导干部廉洁从政若干准则》，自觉依规办事和接受人民监督。

（六）群众纪律与廉洁文化教育相结合

要加强师德师风教育。开展职业理想和职业道德教育，把廉洁教育和诚信教育贯穿于师德建设的各个环节，弘扬勇于创新、尊重科学的精神，将教师贯彻群众观点、思想道德水平作为绩效评价、聘任（聘用）和评优奖励的首要标准。引导教师提高自身职业道德，对学生一视同仁，自觉维护学校声誉。要加强学生廉洁文化教育。教育和引导大学生养成厉行节约、反腐倡廉的崇高信念，激励大学生在新的历史关头投身于中华民族伟大复兴和社会主义现代化建设。

案例：东南大学加大巡视力度促进党风廉政建设②

东南大学根据中央和教育部对巡视工作做出的新部署、新要求，不断调整工作思路，加大巡视力度，切实提升党风廉政建设工作水平。

明确巡视职能定位。一是转职能。坚持问题导向，将被巡视单位"三重一大"决策制度的执行情况、党风廉政建设主体责任落实情况、贯彻落实中央八项规定情况、教育实践活动整改任务落实情况、"小金库"治理情况等纳入巡视检查内容中，强化被巡视单位的责任意识，推动校党委有关重大决策部署的贯彻落实。二是转方式。结合被巡视单位具体情况，抽调专业力量，广泛听取被巡视单位师生员工意见；重点聚焦被巡视单位领导班子及成员存在的问题和遵守廉洁自律各项规定的问题，紧盯师生反映强烈的突出问题。三是转作风。提高思想认识，对工作组开展巡前培训，进一步增强巡视组工作人员责任感和使命感；着力改进工作作风，深入一线基层，集中精力了解情况、发现问题。

完善巡视工作举措。一是完善领导体制和工作机制。明确学校党委常委会

---

① 参见黄景鹏著：《高校廉洁教育意义及内容侧重点探析》，《湖北函授大学学报》，2014年第11期，第5页。

② 《东南大学加强巡视工作促进党风廉政建设》，http://www.moe.gov.cn/jyb_xwfb/s6192/s133/s173/201502/t20150226_185923.html。

专题研究巡视工作、听取巡视情况汇报的制度；成立由校领导任组长，纪检、组织等部门工作人员组成的巡视检查工作小组，开展常态化专项巡视检查的工作机制；完善巡前培训、巡中跟踪了解、巡后听取汇报和移交反馈督办工作机制。二是完善巡视程序和步骤流程。要求被巡单位领导班子及其成员开展自查，形成书面述廉报告；巡视组参加被巡单位教职工大会，由单位主要领导代表班子述职述廉；面向被巡视单位职工测评领导班子党风廉政建设情况；巡视组形成巡视检查报告，由纪委向校党委提交，校党委形成反馈意见后下达被巡单位，被巡单位研究整改措施，落实整改意见。

强化巡视结果运用。一是运用到推进院系党风廉政建设中。在上一轮党风廉政建设责任制巡视检查中，对28个换届院系巡视检查情况进行认真汇总分析，形成三大类意见，由学校党委以书面形式向换届院系反馈巡视意见。二是运用到加强干部选拔任用和监督管理当中。在院系换届群众测评中，对满意度低于70%的院系领导班子进行廉政谈话，督促其整改。积极推进"逢新必教"，对新任院系领导以任前谈话、签订廉政承诺书等多种形式，开展好新任干部"廉政教育第一课"。三是运用到源头预防和治理当中。帮助被巡视单位及时发现问题、正视问题、解决问题，规范内部管理，加强制度体系建设，推进全面从严治党，推动学校治理结构现代化。

第五章　提升高校基层党组织社会号召力，加快推进大学治理体系现代化

党的社会号召力是一个综合概念，是对党组织凝聚力、战斗力、引领力的一种概括。对高校而言，其集中体现为将学生、教师各种群体的力量集合起来，围绕学校本身的发展目标和共同理想，付诸行动的一种能力。新时代，高校需要不断提升社会号召力，动员教师、学生及社会团体的力量，为建设中国特色社会主义现代化教育强国贡献力量，推动我国建设学习大国、人力资源强国和人才强国。

第一节　增强党组织引领作用

一、高校党组织引领作用的内涵

发挥党建引领作用，就是要充分发挥党组织的政治核心作用，发挥政治优势，动员全党各级党组织和广大党员干部全力投入某项工作。这种引领作用，特指的是主体对客体的影响能力和动员能力。对高校而言，党组织的引领能力指的是，以学校的机制理念、办学目标和战略规划为基础，对教师、学生等校内群体进行凝聚、引导和动员，使之产生认同感、归属感和向心力。学校党委的引领作用是一种软实力，是由社会主义办学性质、党的教育方针、学校整体作风等散发和辐射出来的影响力，是学校党委通过思想引导、政治教育、榜样激励等方式，激发学生、教师产生的共同行为。这种引领作用可以通过多种形式表现出来，如学校党委的影响范围和程度、学生教师的动员力度、号召的速度和执行力等。

高校党组织引领作用的基础在于共同愿景。这个愿景包含了当下对于高等教育的要求和基本发展方略，就当前来讲，即是创建世界一流大学和一流学科，这个奋斗目标对于全校师生来说是一种共同的价值取向，起到一定的感召和凝聚作用。同时，还包括高校根据自身定位和所处位置，通过科学判断规划，为学校自身拟定的发展方略。从微观角度来讲，往往学校自身的发展战略，能够对教师学生引起更加强烈的共鸣，在其发挥党组织引领作用时的基础性作用更加突出。

高校党组织引领作用的核心在于发动师生自身的能力，只有学校党组织履行掌舵手和模范标兵职责，才能对教师学生进行有力的引导，逐步将教师学生的思想状态和行为方向调整到学校共有的发展目标上。学校党委运用自身的政治优势将办学方针政策、人才培养目标等传递给全体教师学生，引发和动员教师学生积极响应，主动参与到办学治校的全过程，充分发挥其积极性、主动性和创造性。这要求学校党委率先垂范，发挥党组织和成员的先锋模范作用，将政治优势转化为发展优势。

高校党组织引领作用的关键在于服务师生。如果离开教师学生这个主体和前提，对他们的切身利益和发展需求不够重视，那么其政治主张和发展方略是无法得到支持和认可的，相应的号召力也会更低。服务师生既是高校党委宗旨意识的具体体现，也是高校党委执政能力和效果的最终目标。这也充分显示出，高校党组织引领作用必须建立在物质基础上，是服务师生结果上产生的一种自发且具有方向性的力量。

根据前述高校党组织引领作用的基本构成，结合我们党在革命、建设及改革实践中积累形成的独特的号召力优势，高校党组织引领作用还具有以下特点。

高校党组织引领作用将理想信念作为精神动力。习近平总书记指出："马克思主义政党不是因利益而结成的政党，而是以共同理想信念而组织起来的政党。"[1] 共同的理想信念将全体人民的思想团结在一起，这同样是我国治理体系的独特优势。理想信念是共产党人和社会主义大学应有的精神追求和力量，一经形成就具备了稳定性，轻易不会改变，高校为社会主义现代化建设培养高水平人才的理想信念，具有持久及强大的精神动力。也正是因为我们党能够充分结合崇高信念与眼下的奋斗纲领，才始终能引领着中国社会朝着正确方向前进。高等教育同样要将理想信念与发展目标相结合，才能办好新时代中国特色

---

[1] 习近平著：《习近平著作选读（第二卷）》，人民出版社，2023年，第106页。

社会主义大学。

高校党组织的引领作用将榜样作用作为精神指引。教师是人类灵魂的工程师，承担着神圣使命。习近平总书记指出："高校教师要坚持教育者先受教育，努力成为先进思想文化的传播者、党执政的坚定支持者，更好担起学生健康成长指导者和引路人的责任。要加强师德师风建设，坚持教书和育人相统一，坚持言传和身教相统一，坚持潜心问道和关注社会相统一，坚持学术自由和学术规范相统一，引导广大教师以德立身、以德立学、以德施教。"① 高校一贯看重尊师重道，校园中常把古今中外、校内外的教育家和科学家作为一种精神象征，激励和指引教师、学生追求学问，追求卓越。同时，在建设社会主义大学的过程中，历届党委带领全校师生员工奋斗的历史和经验，如同一面旗帜，将继续指引全校师生员工，沿着既定的路线前进。对于普通师生而言，党委的模范和引领作用，具有特殊的感召性，能够引导其坚定发展信心，坚定不移地跟随。

高校党组织引领作用将组织体系作为精神纽带。毛泽东同志指出："我们共产党人好比种子，人民好比土地。我们到了一个地方，就要同那里的人民结合起来，在人民中间生根、开花。"② 严密的组织体系是发挥党组织社会号召力的组织根基。马克思主义政党团结人民群众，是不同变革时期完成党的中心工作的基础力量。高校作为一级基层组织，也需要完善党内制度机制，通过党内教育和政治生活，统一全校师生思想，把组织建设得更加有吸引力，教育监督、宣传号召党员，带动整个学校。

二、高校党组织引领作用的逻辑及内容

高校党组织引领作用在政治上的要求是坚持党对一切工作的领导。引领作用实际上是把党对一切工作的领导贯穿到办学治校全过程的具体做法和内在要求。在高校办学治校的实际过程中，对内在动力的挖掘、整合与使用同样是党领导一切观点和立场的具体实践。高校扎根中国大地办大学，带领师生员工参与社会主义现代化建设，聚集了较为丰富的政治资源，培养了大批社会主义建设者和接班人，师生党员不仅在学校内部具有一定的规模，其毕业生党员也散布于社会各行各业之中，能够对党员进行有效的思想聚合，党组织的引领作用

---

① 习近平著：《论党的宣传思想工作》，中央文献出版社，2020年，第278页。
② 毛泽东著：《毛泽东选集（第四卷）》，人民出版社，1991年，第1162页。

便具有了根基，共同成长背景的党员群体也会焕发出独特的力量和优势。需要注意的是，高校党组织引领作用要避免单纯强调学校发展的共同理想，要将党的理念、党的教育方针、社会主义核心价值观等政治元素融入其中，坚持和加强党对一切工作的领导。

高校党组织引领作用在组织上的要求是政治功能的发挥。高校党委下的基层组织包括院系二级党组织及其教师、学生等支部，同时也包括一些师生联合、团队、项目、社团等新型支部，这些共同构成了高校完整的组织体系。将号召和组织的能力发挥出来，要求每一个基层党组织都能发挥其政治功能，充分发挥桥梁纽带的作用，不仅能激发起本单位党员师生的活力，同时在高校党委的带领下，还可以实现组织功能的整合，相互配合联通，共建互补，形成发挥政治优势的合力。

高校党组织引领作用在民主上的要求是共同参与建设发展。高校的民主是基层民主协商的全过程民主。在发挥党组织引领作用时，既要贯穿"有事大家共同干、大家的事情大家办"的这种民主思路，同时高校党委还要起到集中整合、定于一尊的作用。学校内部不同利益群体的分歧是客观存在的，无论选择何种发展路径，都不可避免地会损害一部分人的既得利益，党组织既充当一种政治吸纳的角色，也是不同意见和利益的调解者。在这种持续的互动中，要逐渐寻找符合发展目标且大多数群体接受的平衡点，无形中统一出一种大家都可以接受的思想共识、号召共识。

新时代赋予高等教育新的任务，其党组织引领作用也具有新的内容和要求。

宣传引领师生。高校党组织就是要把宣传党的路线方针政策作为党组织的主要任务，将中央和省委的决定、决议、精神向广大师生党员群众进行宣传、组织学习。特别是要深入学习习近平新时代中国特色社会主义思想和习近平总书记有关高等教育的论述。如习近平总书记在北京大学师生座谈会上提出"青年的价值取向决定了未来整个社会的价值取向，而青年又处在价值观形成和确立的时期，抓好这一时期的价值观养成十分重要"[①] 等对青年学子的要求，引导和号召本校学生树立正确的价值观。又如，习近平总书记给袁隆平、钟南山、叶培建等25位科技工作者代表回信，勉励全国广大科技工作者"弘扬优良传统，坚定创新自信，着力攻克关键核心技术，促进产学研深度融合，

---

① 习近平著：《习近平谈治国理政（第一卷）》，外文出版社，2018年，第172页。

勇于攀登科技高峰，为把我国建设成为世界科技强国作出新的更大的贡献"[1]。可利用这些论述与寄语引导和号召本校教师在新时代创新创造创业生动实践中坚定建功立业的决心。

贯彻党的决定。我们党对教育地位作用的认识，始终是不断进步的，高等教育在党执政兴国中的战略地位和作用已被提到更加明确的位置。党的十八大以来，党中央着力推进教育工作，全面地回答了如何培育、怎样培育、为谁培育等人才培养问题，这也成为教育事业发展的根本遵循，只有认清了这一问题，教育的发展方向才能得到保障。对于高等教育，"加快一流大学和一流学科建设，实现高等教育内涵式发展"[2] 就是当前最重要的决定和部署。具体来说，号召和引导师生参与到"双一流"建设的重大任务中来，牢固树立"四个意识"，始终同以习近平同志为核心的党中央保持高度一致是最紧迫的政治任务。

三、高校党组织引领作用的路径

党组织引领和牵引的强大动力，其形成有一个循序渐进的过程，这是我们党在长期的革命与建设过程中慢慢积淀而成的，也成了我们党的一个传统优势，是党领导人民进行伟大革命和伟大建设的关键。新形势下，持续保持旺盛的生命力和强大战斗力，带领和团结广大人民群众创造新的历史，需要我们持续保持引领能力。

以共同理想增强党组织牵引能力。共同理想可以产生强大的感召力和凝聚力。确定并清晰传达一个具有实现路径、美好目标且能够改善当前状况的共同理想，无疑是加强领导凝聚力和号召力的关键举措。一个真切体现师生刚需，并且能通过共同努力达到的共同理想，可以激发师生共鸣，调动师生的主动性和积极性，产生强大的合力。党的十九大指出，要分两步走：实现社会主义现代化和中华民族伟大复兴，"从全面建成小康社会到基本实现现代化，再到全面建成社会主义现代化强国"[3]。这是每一个中国人的共同理想，对于高校的师生也不例外。同时，高等教育在实现这一愿景中占据一个十分重要的位置，

---

[1] 近平著：《习近平书信选集（第一卷）》，中央文献出版社，2022年，第277页。
[2] 习近平著：《决胜全面建成小康社会 夺取新时代中国特色社会主义伟大胜利——在中国共产党第十九次全国代表大会上的报告》，人民出版社，2017年，第46页。
[3] 习近平著：《决胜全面建成小康社会 夺取新时代中国特色社会主义伟大胜利——在中国共产党第十九次全国代表大会上的报告》，人民出版社，2017年，第29页。

这更能激发师生对教育、对建设国家的使命感,成为党组织引领的强大动力。

《中国共产党党员教育管理工作条例》要求:"进行革命传统教育,引导党员学习党史、国史、改革开放史、社会主义发展史和中华优秀传统文化,铭记党的奋斗历程,弘扬党的优良传统,传承红色基因,践行共产党人价值观,激发爱国主义热情。"[1] 中国近现代史是一部充满灾难、落后挨打的屈辱史,是一部中国人民探索救国之路,实现自由、民主的探索史。每个中国人回忆起来,都会油然而生一种民族复兴的情节。以民族复兴共同理想引领广大师生,团结广大师生,激发其产生为民族自强自立奋斗的精神动力。要加强中国梦主题的教育引导,因为在实现中国梦的伟大征程中,需要每个角色参与、尽力,响应号召加入进来,每个人都可以在自己的角色中奋斗出彩,共同享有梦想成真的机会。共同理想让每个人都觉得自己就是"主人翁",让广大师生凝聚为之奋斗的激情和热情。

以自我革新增强党组织牵引能力。我们党面临的"四大考验"是反复的、持续的,面临的"四种危险"是突出的、严峻的,党内思想、政治、组织、作风的不纯性问题没有从根源上得到解决。并且"四风"问题尚未解决,形式主义和官僚主义叶落根存。如果一个政党不注重自身建设,必定得不到支持和拥护。近年来,高校出现的一些脱离师生、损害学校发展的情况如果得不到遏制,高校也必定逐渐失去师生的支持,失去凝聚力和向心力。

要坚定新时代共产党人的理想信念,扎实开展党内教育,推动"不忘初心、牢记使命"主题教育常态化、制度化,开展好党史学习教育,引导广大党员干部强化党性修养,保持为民务实清廉的政治本色,筑牢信仰之基、补足精神之钙、把稳思想之舵。在作风建设上,要时刻把纪律和规矩挺在前面,坚决清扫校园内的形式主义、官僚主义,遏制校内的享乐之风,解决庸政怠政问题,切实保障师生权益,在思想觉悟、能力素质、道德修养、作风形象方面切实起到表率作用。要深入推进反腐败斗争,推动全面从严治党向纵深发展,坚持以上率下,持之以恒正风肃纪,使党员干部习惯在受监督和约束的环境中工作生活,切实维护党组织形象和权威性。

以师生福祉增强党组织牵引能力。习近平总书记指出:"'民为邦本,未有本摇而枝叶不动者。''天下之治乱,不在一姓之兴亡,而在万民之忧乐。'我们共产党人必须有这样的情怀。中国共产党在中国执政就是要为民造福,而只

---

[1] 《中国共产党党员教育管理工作条例》,人民出版社,2019年,第7~8页。

有做到为民造福，我们党的执政基础才能坚如磐石"①。党组织的牵引能力和组织能力，要建立在符合广大师生利益和需要的基础之上，不断取得师生、社会认可的执政成果，才是其根本动力。

要不断改善教职工生活条件，提升其生活水平和质量，创造促进教师职业发展的各种支持条件。解决其子女教育、医疗保障、住房等现实利益问题。要推进教师收入分配绩效改革，促使劳有所获、进有所奖，让教师在学校改革发展中有获得感，将获得感转化为其对学校党委的认可和支持。要弘扬爱生如子女的教育情怀，为大学生提供良好的学习、生活环境，做好奖助勤贷、就业指导等工作，增进学生对学校的感情。这样一来，无论是在校大学生还是毕业的校友，都会建立起校兴我荣、校衰我耻的情感共鸣，任何时候都能激发起为校争光、为校贡献的强烈意愿和行动。

案例：西南石油大学以一流党建引领一流学科建设高校发展②

西南石油大学党委全面落实党的教育理念，贯彻立德树人根本宗旨，秉承"为祖国加油，为民族争气"的西南石大精神，充分发挥在改革发展中的领导核心作用、二级党组织政治核心作用、党支部战斗堡垒作用、党员先锋模范作用，以富有特色的党建和思想政治工作，在高校率先提出了以"一流党建引领一流学科建设发展"，各项工作取得明显成效。

一流党建为一流学科建设高校指引方向。学校党委坚持党对学校工作的全面领导，牢牢把握社会主义办学方向，充分发挥"把方向、控大局、作决策、保落实"作用，着力推行校长负责制，大力实施"社会主义核心价值观践行计划""辅导员素质与能力提升计划"，坚持两个"雷打不动"（每月第一个星期二上午为校党委中心组学习时间，每周四下午为组织生活、政治学习或教研活动、学生党团活动），牢牢把握意识形态的领导权、主动权和话语权，不断提高人才培养质量。《中国教育报》以《西南石油大学激活基层党支部》为题，报道了相关工作经验。

一流党建为一流学科建设高校凝心聚力。学校党委紧密依靠全体师生，凝聚集体的智慧、激情和力量，共同攀登一流学科的建设高峰。在全校实施教师

---

① 习近平著：《论"三农"工作》，中央文献出版社，2022年，第169～170页。
② 《一流党建引领一流学科发展》，http://sc.people.com.cn/n2/2020/1221/c399583-34486549.html。

"人人入队计划",不断提升教师团队教学能力和科研能力;定期举办教职工"飞翔奖"评选表彰活动;每年举办教职工荣休典礼、新进教师宣誓仪式和教师节慰问教师活动;突出"大庆精神"优良传统推动以文化人质量提升;制定《西南石油大学全面落实研究生导师立德树人职责实施细则》;全面贯彻思想政治理论课创新计划,在日常教育教学中彰显社会主义核心价值观。《西南石油大学坚持50年"三老四严"优良传统教育的探索与实践》案例获第八届全国高校校园文化建设优秀成果一等奖。教育部网站以《让学生品味思政之"美"》《西南石油大学教育引导大学生积极践行社会主义核心价值观》《西南石油大学多举措推进大学生日常思想政治教育》为题进行了报道。中国科学网以《西南石油大学创新"学生领袖双百工程"思政教育品牌 课程"软植入"提升思政"硬实力"》为题进行了专题报道。

一流党建为一流学科建设高校提供战斗力。学校党委坚持抓党建就是抓战斗力和执行力,实施师资队伍素质能力提升计划,深化人事制度改革,强力推进实施青年教师过"五关"(信念关、师德关、教学关、学术关、实践关)计划,本硕博海外师资培养百人计划,高层及人才引培计划等。鲜明用人导向,坚持严管与厚爱相结合,激励与约束并重,加大干部选拔、培养和储备力度,实施干部交流轮岗制度和考核评价制度,构建和完善"鼓励激励、容错纠错、能上能下"的干部选用机制。《中国教育报》以《西南石油大学拆掉教授"铁交椅"》、《光明日报》以《西南石油大学人事改革激活"一池春水"》、《中国科学报》以《西南石油大学让"青椒"变"青骄"》为题进行了专题报道。

一流党建为一流学科建设高校提供强劲保障。学校党委坚持党要管党、全面从严治党。夯实基层党建工作,发挥基层堡垒作用,实行支部标准化建设,出台《加强和改进党支部工作若干规定》《西南石油大学教工党支部建设标准》《西南石油大学学生党支部建设标准》,推动从严治党向基层延伸。2010年开始试点学生公寓党员工作站,被人民网、搜狐网等媒体宣传报道。积极推进"研究生党支部建在科研团队",党支部共建结队。深入实施教师党支部书记"双带头人"工程,注重把教学科研骨干和学术带头人、专业带头人培养成党组织负责人。把守纪律、讲规矩作为学校改革发展、人才培养的生命线,党委领导班子、中层干部带头执行西南石油大学干部作风"十一条"等规章制度,规范领导干部业余文化生活,把作风建设延伸至八小时以外,开展内部巡察,每两年组织中层以上干部到法纪教育基地接受现身说法警示教育。在教育部近两年全国高校"两学一做"支部风采展示活动中,我校共有6个作品入选全国优秀或特色作品。2018年1个党支部获首批全国高校"双带头人"教工党支部书记工作室，2个党支部获首批全国党建工作"样板支部"培育创建单位。

一流党建转化为一流高质量发展。学校始终坚持向党建要正能量、要战斗力、要凝聚力、要成效，党建引领学校改革发展已成为全校上下的共识。改革6年来，学校各方面工作进步明显。入选国家"双一流"世界一流学科建设高校。在第四轮全国学科评估中，石油与天然气工程被评为A+学科，成为四川5个A+学科之一。工程学、化学、材料学、地球科学学科进入ESI全球前1‰。获国家科技成果奖8项，并列四川省高校第三、省属高校第一。获批全国首批创新创业教育改革示范高校，入选全国创新创业典型经验高校50强。获中国"互联网+"大学生创新创业大赛国赛金银铜奖14项，2018年实现全国石油高校和四川省属高校金奖"零"的突破，四川省赛获奖每年全省第一。入选全国毕业生就业典型经验高校50强。2017、2018年连续获四川省高校绩效考核第一名。

第二节　践行社会主义核心价值观

一、高校培育和践行社会主义核心价值观的作用

党的十八大以来，党把培育和践行社会主义核心价值观作为重点工作。习近平总书记指出："实现中国梦，必须增强道路自信、理论自信、制度自信，'千磨万击还坚劲，任尔东南西北风'。而这'三个自信'需要我们对核心价值观的认定作支撑。"[①] 社会主义核心价值观可以在一定程度上被视为中华民族共同的精神感召，是继承我们民族五千年积极向善的精神文化形成的，引领中国人民不断前行，是中国独有的精神财富，具有坚固持久和广泛的社会号召力。

由于社会主义核心价值观是贯穿于整个国民教育每一个阶段和环节的，高校在其中也发挥着不可或缺的作用，它是滋养社会主义核心价值观的重要土

---

① 习近平著：《青年要自觉践行社会主义核心价值观——在北京大学师生座谈会上的讲话》，人民出版社，2014年，第9页。

壤，也是重要的宣传阵地，宣传并引导学生自觉践行社会主义核心价值观是大学必须承担的社会责任。

高校的根本任务在于立德树人。如今我国高等教育已经步入大众化阶段，2020年全国共有高校774所，在校大学生规模达到4183余万人，高等教育毛入学率已经增长到54.4%[1]，标志着高等教育的逐步普及化。大学生处于青年初期，是一个人人生观、价值观形成的关键阶段，其形成了怎样的观念将直接影响一个人今后的行为选择。在大学期间，学生不仅仅要学习专业知识，更重要的是要培养积极向上的观念。习近平总书记指出："青年的价值取向决定了未来整个社会的价值取向，而青年又处在价值观形成和确立的时期，抓好这一时期的价值观养成十分重要。这就像穿衣服扣扣子一样，如果第一粒扣子扣错了，剩余的扣子都会扣错。人生的扣子从一开始就要扣好。"[2] 青年是国家的未来，青年大学生的价值观如何，决定和影响了其进入社会后会以怎样的方式方法生活处事，只有青年大学生从内心接受了社会主义核心价值观，才能带动整个社会精神文明的发展。坚持课程思政和思政课程协同发展，一方面促使习近平新时代中国特色社会主义思想进教材、进实践，加强思想政治理论课教育和实践教育，让青年学生接受社会主义核心价值观系统教育。另一方面，在其他专业课程中融入思政元素，让其成为社会主义核心价值观教育的新载体，让青年大学生在接受专业教育的同时，潜移默化地接纳社会主义核心价值观。

高校是科学研究的重要土壤。习近平总书记强调："科技是国之利器，国家赖之以强，企业赖之以赢，人民生活赖之以好。"[3] 社会主义核心价值观是一个内涵丰富、包罗万象的理论体系，在培育和实践的过程中还需要不断研究和探索。高校拥有一大批科研平台和高水平人才，肩负对社会主义核心价值观的丰富内涵、逻辑路径进行研究和扩展的历史使命。应加大对高校哲学社会科学建设力度，发挥其在人文领域的科研优势，积极为构建社会主义核心价值观理论体系作出贡献，在马克思主义科学理论下深刻解读社会主义核心价值观理论，在重点领域产出一大批优秀成果。从社会主义核心价值观的理论方面看，培育和践行是一项复杂的系统工程，需要大量的理论研究者和各个领域的研究力量共同出力参与。高校在这方面具有得天独厚的理论和技术优势，应当成为研究社会主义核心价值观的核心推力，带领不同学历、不同职业的群体参与到

---

[1] 教育部：《2020年全国教育事业发展统计公报》，http://www.moe.gov.cn/jyb_sjzl/sjzl_fztjgb/202108/t20210827_555004.html。
[2] 习近平著：《论党的青年工作》，中央文献出版社，2022年，第76页。
[3] 习近平著：《习近平著作选读（第一卷）》，人民出版社，2023年，第490页。

研究工作中来。改变群众认为社会主义核心价值观应由党来负责研究、内容单一且难以改变等固化观念。同时，大批学者和研究人员应深入农村、工厂、城市社区等开展调查研究，客观梳理社会主义核心价值观在民众之中的了解程度、认可程度，详细分析在培育和践行社会主义核心价值观的过程中遇到的问题和困难、体制机制瓶颈，用科学的方法，为社会主义核心价值观进入国民教育体系、生活体系找出最有效的实现路径，致力于让社会主义核心价值观的普及化宣讲染上高校色彩。

高校不仅是教学科研的场所，还要发挥服务社会的职能。习近平总书记强调："我国高等教育发展方向要同我国发展的现实目标和未来方向紧密联系在一起，为人民服务，为中国共产党治国理政服务，为巩固和发展中国特色社会主义制度服务，为改革开放和社会主义现代化建设服务。"[①] 这说明高校的发展方向，就是要找准与国家发展的契合点，做好服务。高校在传播社会主义核心价值观上具有天然的优势，高校教师既可以在大学讲台上负责传道授业解惑，将社会主义核心价值观传递给学生，也可以与社会力量合作，以宣讲团的形式深入社会各个领域，把社会主义核心价值观传播到社会各行各业。高校学生不仅可以在学校接受社会主义核心价值观的教育，也可以在非在校时间，通过自己的行为表现，将社会主义核心价值观传递给家庭，传递给社会。另外，高校本身大多设置有出版机构，可以公开发行刊物，建设有"两微一端"等新媒体传播平台，这些传播媒介覆盖面广、影响力大，受众不仅仅限于高等学校内部的教师学生，因而在传播社会主义核心价值观时，往往可以以小见大，用师生鲜活的例子，诠释和宣扬社会主义核心价值观。借用学校影响力较强的活动平台，如社会实践社团、科技宣讲团、论坛讲座、乡村振兴工作小组等，深入社会的各个领域，用大众化的方式向人民群众普及社会主义核心价值观的最新成果，将其推广到社会各个角落。

二、大学生践行社会主义核心价值观

大学生是社会主义建设的新生力量，在践行社会主义核心价值观中既是未来主力军又是生力军。

大学生践行社会主义核心价值观要克服认同表面化。认同是践行的基础，没有对事物全面深刻的理解，执行就容易偏离最初的目标，对社会主义核心价

---

① 习近平著：《习近平谈治国理政（第二卷）》，外文出版社，2017年，第376～377页。

值观的有效认同，可以成为践行的强大动力。大学生正处于形成价值观的关键时期，对新兴事物感兴趣，积极性高，可塑性强，但分析事物内涵的能力还没有完全建立起来，对各种思潮和思维倾向缺乏必要的认知，判断力普遍不强，导致对社会主义核心价值观的认知出现偏差，甚至出现排斥和反对，主要表现在他们对社会主义核心价值观的认同还停留在情感认知的层面，不能将其与自身很好地结合，无法完全内化为自己的行为。同时，大学生对社会主义核心价值观的认知的深度不足，只是停留于与自身密切相关的学习、生活领域，缺少与社会发展、行为功能的联系。

价值观的认同、实践不可能一蹴而就，是一个循序渐进的过程。要加强社会主义核心价值观的宣传引导，提升大学生群体的认同度①。在思政课教学上，要改变传统的"灌输式"教学，让学生更多地参与进来，发挥主体意识，更多采取启发式、参与式的教学模式，让大学生更加直观生动地理解社会主义核心价值观，以大学生自己的亲身经历为重要素材，讲述、体会社会主义核心价值观。通过理论教育让大学生在思维上产生全面、理想的认识，在此基础之上，还必须加强实践教育，要让大学生群体将社会主义核心价值观与自己的学习生活联系起来，通过社团活动、社会实践、生产实习等贴近社会的教育载体，切身体会社会主义核心价值观在日常生活中的表现形式，将理念认同转化为具体行动。

大学生践行社会主义核心价值观要克服认知片面化。大学生虽然大部分已经是成年人，但毕竟与社会接触较少，对我国社会经济转型期出现的各种矛盾和困难认识不足，难以理解收入分配差距变大、阶层分化等与社会主义制度不完全适应的社会现象。同时，在学校生活中，在涉及自身利益的如奖助勤贷、学生管理的制度发生调整和变化，学生评价体系无法完全得到认同时，一部分大学生的社会主义核心价值观势必受到影响，片面地认为自身遭遇到了"不公"。虽然这根本上是由于其没沿着国家、全局、集体、个人的价值共识考虑问题，但受制于自身角色的利益取向和认知水平，大学生群体还是会出现消极的行为倾向，阻碍其以正确的态度践行社会主义核心价值观。

增强认知的统一性、全面性需要加强引导工作。大学生群体间存在的消极、负面的情绪要进行及时有效的疏导，对管理规定的不理解、不认同，要不厌其烦地进行解释和疏导，避免消极的价值观在大学生群体中互相传播、互相

---

① 参见曹丽萍：《青少年社会主义核心价值观日常化养成途径探索——从"纽扣效应"谈起》，《高校辅导员》，2014年第4期，第27页。

影响。要重视对学生党员干部的教育培养,开展多种多样的培训班、交流会,增长其沟通协调能力,发动引导他们,以身作则,在群体中发挥示范带头作用,用自己的实际行动影响身边的同学。要加强班级文化建设、社团文化建设、寝室文化建设,使大学生亚文化在社会主义核心价值观引领下健康发展,自然而然地将个别群体的文化价值取向统一到社会主义核心价值观中来,并内化为一个群体的行为导向和行为自觉。

大学生践行社会主义核心价值观要克服取向庸俗化。改革开放市场经济打开了国家的大门,西方先进的科学技术、管理理念走进国门,西方的文化价值也走到大众身边。自由竞争的思潮令大学生更快走向独立,更加积极地面对竞争,但同样带来了自由主义、个人主义、享乐主义、拜金主义,对他人利益的漠视和不管不顾,集体主义观念遭到破坏。西方的文化攻势不仅限于此,大量的西方英雄主义书籍、影视作品深受大学生的欢迎,宗教信仰开始在部分大学生之间传播。无疑,这些都与社会主义核心价值观不相适应,甚至背道而驰,由于大学生群体的价值观还处于培育阶段,对多种思潮和价值取向思辨能力尚浅,更加滋长了价值观的错误倾向。

价值取向的多元化与践行社会主义核心价值观并不矛盾,但庸俗的、不良的价值观念必须加以抵制。信息时代让价值观念的传播更加迅速、便捷,大学生也热衷于通过网络媒介了解社会、关注社会。要牢牢把握意识形态的主动权,把话语权留在自己身上,要管好网络媒体,通过校内宣传正能量、榜样力量,对大学生群体产生正面影响。对待西方有针对性的反面言论,要及时站出来发声,表明自己的态度和立场,让大学生群体在价值观尚未成熟的时候,积极接收昂扬向上的主旋律和和谐的声音,决不能含糊其词、退避三舍,让大学生群体产生模糊的认识。

三、教师践行社会主义核心价值观

高校教师在社会主义核心价值观的推广中应当发挥一定的示范作用,在具体实践中贯彻党的教育方针,立足岗位,创造一流业绩。

高校教师学术水平较高、独立思考能力较强、个人追求多元化。每一个学科专业都有独立的知识体系,其产生和发展的逻辑基础各不相同、各具特点。高校教师长期受到本专业内的训练,思维行为模式,个人价值实现形式或多或少受到了本学科内在取向的影响,价值追求呈现出多元化特征。加之当前部分学科专业起源自西方,与中国本土文化结合性不够,高校教师对于社会主义核心价值观的理解和认同，容易走进一个误区，就是将其同西方的价值体系联系到一起，从而在认识方面出现偏差，具有一定的片面性。

高校教师践行社会主义核心价值观首先要坚定马克思主义信念，通过辩证唯物主义和历史唯物主义去认识世界和改造世界。高校教师要坚持原原本本学读原著、学原理，打好思想理论基础，才能对社会主义核心价值观做到真学、真懂、真信、真用。要坚持与时俱进，系统学习习近平新时代中国特色社会主义思想，将理论创新的成果运用到自己的实际工作之中。要深入学习领会中国传统文化，将马克思主义理论与优秀中国文化结合起来，巩固信仰基石。同时高校教师身负立德树人的职责，应当把培育社会主义合格建设者和可靠接班人作为工作重心。无论是承担思想政治理论课还是专业课程，都必须坚持一个前提，就是用马克思主义理论作为指导，不断磨炼和提升教师自身的专业水平和专业能力，正确引导学生、教育学生。要注重自身修养，以过硬的政治素质、专业知识、美好品德去感染学生，指导学生，用创新的思维和发展的眼光解决教育工作中遇到的新情况、新问题，做好立德树人工作。

高校教师在教学、科研等工作上相对较为独立，不像机关行政人员需要坐班，受到的约束较少。学校和学院习惯于从业务上对教师提要求，强调教师在教学课时、科研项目上的贡献，教师也习惯于独善其身，将完成好自己的工作量作为目标和追求。在开展党内教育或组织生活时，部分教师党员难以将理想信念、党性修养与自身的业务工作相结合，非教师党员普遍参与较少，对社会主义核心价值观的了解往往仅限于校内外的媒体报道，与自身的结合和产生的共鸣较少。

教师践行社会主义核心价值观要在约束机制上下功夫。要加强对教师党员的教育管理，强化其党员身份，使其自觉加强对人生观、世界观的改造，将自身的价值取向与社会主义核心价值观紧密地结合起来。在教学、科研及指导学生的过程中，老实做人、清白做事、淡泊名利，把精力和时间多用在本职工作，树立教师形象，严格自律，不做侵害学校、损害学生利益的事。对非党员教师，要加强引导，一方面将社会主义核心价值观融入日常的业务学习、业务交流，使其价值观在潜移默化中受到熏陶和影响；另一方面要重视在青年骨干教师中发展党员，建立领导干部联系青年教师的制度机制，引导他们向党组织靠拢，在培养考察的各个环节进行社会主义核心价值观的教育引导，激励他们在日常生活和工作岗位上践行，在人才培养和科学研究的实际工作中学习、弘扬社会主义核心价值观，并增强践行社会主义核心价值观的针对性。

高校教师长期聚焦或集中于某一学科领域，力求将自己的学问做精、做深，在全局观念上存在一定的局限性。学校提出的战略规划、改革思想，往往在传递到教师层面时信息几经衰减，导致部分基层教师对学校的政策方针了解不深，理解不透彻，对未来的学科布局、发展方向概念模糊，更难以和自身的发展结合起来，满足于上好自己的课，做好自己的研究，出现了与学校发展节奏不合拍的情况，价值取向从思想深处还是封闭的，没有充分考量国家、民族、学校的需求。

教师践行社会主义核心价值观要在激发担当精神上下功夫。要引导和要求教师时刻心系学生，切实关心学生的成长成才，要对党的教育事业时刻保持热情，永不懈怠，以昂扬的斗志和激情为党的教育事业贡献力量，用实实在在的成绩向学生传递共产主义远大理想信念的强大力量。要把贯彻党的教育方针，维护党中央权威和集中统一领导作为自身一切工作的先导和价值理念，忠于党和国家，忠于社会主义高等教育，立足三尺讲台，不为名所困、不为利所扰。要勇于开拓创新，敢于担当，在国家重大战略技术需求、重大布局的建设实践中投身于应用基础和前瞻性基础研究，在关键技术攻关的实践中去展现自身价值。

案例：湖南师范大学培育和践行社会主义核心价值观工作实践[①]

湖南师范大学在落实和践行社会主义核心价值观上，始终把立德树人作为工作的出发点，研究制定了落实培育践行社会主义核心价值观的实施纲要，从理论研究、课堂教学和社会实践着手，不断强化思想政治工作，促进学生成长成才，有效提升了育人效果。

在理论研究方面，依靠并充分依托自身哲学社会科学的特色和优势，集中力量建设社会主义核心价值观研究院。面向全校师生开放课题，逐渐培育了"社会主义核心价值观与完善重点领域行政基本法研究"等一大批国家级、省级社会科学重点项目。集中科研力量针对性攻关，聘请了来自政府、科研院所、主要媒体的专家担任首席专家，拓宽研究工作的深度广度。加强学术交流，分年度、分主题召开社会主义核心价值观理论研究讨论会、成果交流会。同时通过在学报开设专栏，向广大师生和社会各界开展征文活动，加强研究阐

[①] 《湖南师范大学坚持"三维融合"培育和践行社会主义核心价值观》，http://www.moe.gov.cn/jyb_xwfb/s6192/s222/moe_1750/201904/t20190409_377233.html。

释工作。先后出版了一大批学术著作、科普读物和中小学教材，发表一系列高水平文章。

在课堂教学方面，着力推进思想政治理论课综合改革，整合哲学、法学、历史学等学科专业的高水平教师，开展了"以'三融模式'推进社会主义核心价值观进课堂""社会主义核心价值观融入思想政治理论课教学研究"等专题研究，大力推动社会主义核心价值观"三进"工作，形成了一大批可复制、可推广、有效果的教学方法和教学经验。推进教学方法改革，通过大学生亲身讲述个人经历、谈学习体会、讲身边故事等方式，获得了大量贴近学生生活和思想实际的案例，以此作为教学内容，有效增强了思想政治理论课的针对性和实效性。同时在教学模式和考核模式上，不再以单一的课堂教学和考试为手段，广泛使用了大课堂教学、小组式讨论、社会实践相结合的方式，课堂活力得以进一步激发，学生参与度不断提升，取得较好效果。

在社会实践方面，定期组织师生以践行社会主义核心价值观为主题开展社会实践，深入国家级贫困村进行实地调研、观摩考察和促进脱贫攻坚工作，有效地丰富了暑期社会实践的形式。同时组织师生走进社区、乡镇等开展志愿服务活动，大学生全覆盖加入青年志愿者协会，结合师生学科专业特点，开展学雷锋、法律援助等品牌特色志愿服务活动，在实践中让师生亲身感受社会主义核心价值观，践行全心全意为人民服务的宗旨，磨炼师生奉献社会的品质品格。

第三节　构建现代大学民主制度

一、高校民主管理的地位和特点

高校建立之初，是一种单纯的学术组织，学校的管理者也是学术组织，可以说学术治校、民主管理是大学本源。在我国，高等教育经过长期发展，逐步形成了"党委领导、校长负责、教授治学、民主管理"的管理体系。《中华人民共和国高等教育法》第十一条规定的"高等学校应当面向社会，依法自主办学，实行民主管理"[①]为民主管理在教育领域提供了法律支撑。《中国共产党普通高等学校基层组织工作条例》第三十二条规定"高校党委领导教职工代表大会，支持教职工代表大会正确行使职权，在参与学校民主管理和民主监督、维护教职工合法权益等方面发挥积极作用"[②]对高校党组织和民主管理关系作出了系统化阐释。随着《国家中长期教育改革与发展规划纲要（2010—2020年）》、教育部《大学章程制定暂行办法》的出台，现代大学制度建设的路径愈发清晰。推进教授治学、民主管理，建立民主管理和监督机制，是每一所高校都必须遵循的基础原则之一。

高校民主管理根据组织形式、功能效用等，出现了教师主导型和学生主导型两种民主管理模式，从民主权利的运用上还可以划分出决策、执行、监督等不同维度。但无论如何划分，其核心都体现了民主管理是广大师生员工、群众团体参与高等学校管理，维护自身民主权利的一种合法途径。第一，由广大师生员工共同参与的民主管理是提升高校号召力的有效途径。一旦提起要实施民主管理，在客观上就将高校的每一个个体都纳入进来，每个人都成为一个管理的主体，是一种以人为本精神的体现。这不仅满足了个体受尊重的心理需求，同时让个体享有参与学校决策的机会，能最大限度地激发每一个个体的活力，增强个体对学校的管理认同。第二，民主管理满足了师生利益保护的需要。每一个个体的利益组成了集体利益，民主管理在集中群体意见、调和矛盾上起着积极的作用，使每一名教师学生都能够充分发挥自身的聪明才智，自发寻找群体可接受的利益基础，快速形成集体共识。这是高校提升行政水平、行政效能和政策满意度的有效方法。第三，民主管理是监督高等学校权力运行的手段。无论是哪种类型的组织，只要实行行政负责制，必定带来权力的相对集中。这种组织运行环境，就要求在内部建立一种平衡监督机制。高校实行校长负责制，校长的行政权力可以直接影响到学校的发展战略和走向，对学校教师学生的影响极大。为了对校长行政权力进行平衡，保证其相对正确合理，尤其需要吸纳各个群体的意见，借助民主管理使权力运行更加规范。

高校民主管理的主体指广大的师生员工，覆盖面广，同时民主管理有较为完善的制度机制保障，独立于行政系统运行，能较好地反映基层群众的利益诉求。高校民主管理与其他社会组织既有相同也有不同，总的来说具有以下

---

① 全国人民代表大会常务委员会法制工作委员会编：《中华人民共和国法律汇编（2015）（下册）》，人民出版社，2016年，第915页。

② 《中国共产党普通高等学校基层组织工作条例》，人民出版社，2021年，第22页。

特点：

一是传承性。自高校诞生之日起，民主管理便以不同的方式出现，伴随着高等教育的改革发展不断进步，从最初的教授治校演变至我国今天由党委、行政、学术、民主共同构成的治理体系。

二是方向性。高校在一段时期内的发展方略是相对固定的，其教学、科研、社会服务的指向性都比较明确，内部的民主管理也同样遵循这样的价值方向。社会主义大学的最终目的就是"四个服务"，本质上就是要坚持党的领导，坚持服务社会主义的办学理念。

三是制度性。高等教育法中多次提到民主管理，且其具体的实践形式如工会、教代会、学代会、教授会等都能找到相应的政策依据。任何民主管理的具体事务，如集资建房、绩效调整等，都必须遵循和符合上一级法律法规。

四是程序性。不管是哪一种民主管理的组织形式，其必须在一定的章程、规则下运行，如选举的程序、提案的程序、议事的程序。任何一项政策的修改、内部利益的调整，都必须以征求师生意见为前提，以草案形式几上几下统一思想，最后经过学校行政会议审定、实行，若在运行过程中遇到问题，仍可以调整、修订。

五是主体性。相比于其他社会组织，高校民主管理的主体是教师和学生，群体思维活跃，自主意识强，有更高的热情参与集体管理和集体决策。尤其是具有特定社会科学背景的高校教师，对民主管理运行的原理、方法非常了解，有正确合理参加民主管理的意愿和能力，对高校民主管理的影响较大。

二、高校民主管理的主体

高校民主管理的主体主要包括教师、学生和机关领导干部。三者在民主管理中的地位和作用是不同的，推进民主管理，就是要激发主体的作用，建立和完善民主管理的思想氛围。要逐步改变强制式、命令式的管理理念，推行民主公开的行政思维。要强化法治思维，严格落实法律赋予高等学校民主管理的规定，把基础性民主管理工作落实到位。对教师学生等民主管理的主体要加强引导，提高其民主管理的意识。要改变民主管理主体的冷漠和疏离感，最好的办法就是在民主管理的实践中进行自我教育，让主体清晰地了解和感知自己在民主管理中担任的角色，通过亲身参与学校的改革实践激发其主人翁意识，让其自觉主动参与到学校的发展实践中来。

民主管理的具体目标青年学生是高校最具活力的群体，也是激活学校民主管理氛围的催化剂。但学生的民主管理能力和素质相对较弱，对民主管理的认识还停留于较为表层，参与民主管理的意愿也不够强烈。因而，要大力加强对大学生民主管理的教育，要强化校纪校规教育，让学生了解学校的发展历史，学校现行的组织管理架构，学校民主管理的一般运行模式。通过实际学习生活中的事例帮助学生理解自身可以参与、建议和监督的事项和范围，熟悉意见表达的渠道，为自己争取合法权利的正确方法，站在学生的角度，对学校的工作进行客观的分析。还可以通过民主管理的模拟程序，让学生切身体会参与民主管理的责任感和使命感，认真分析自身权益和学校管理之间的辩证关系。一方面增强学生参与民主管理的广度，提升学生民主管理的积极性，在自己切身相关的权利范围内，享有自主选择的权利，享有依法主张权益的权利，享有参与学校教学改革的权利；另一方面可以让广大学生更好地理解学校的管理制度和管理方法，消除矛盾和误解，改变少数学生是发言人代表人，多数学生是被管理者的局面，使整个校园和谐稳定。

高校教师在学校民主管理中属于中坚力量，是实现民主管理效用最大化的关键。高校教师作为知识分子群体，其民主管理的观念是多元的。要营造一个平等、公正、深入人心的民主管理氛围，就必须要尊重高校教师在民主管理中的差异化表现。一个政策、一项改革方案很难也几乎不可能做到让所有人都满意，符合所有人的利益，学校提出的改革策略、政策办法也不可能适用于每一个教师，高校教师的利益诉求本就多元化，要允许在民主管理过程中出现不同声音，允许不同意见，允许教师对民主管理的拒绝。同时要提升高等学校教师参与民主管理的水平，民主管理的理论和方法与教学科研活动差异较大，不熟悉、参与较少的教师还不能深入理解民主管理原则和价值取向，可能片面夸大民主管理的效用，或者不加分别地否定民主管理。要注重培养和引导教师参与民主管理的能力，使其在民主决策、权力监督等方面发挥积极作用。

领导干部既是民主管理的参与者，也是民主管理的组织者。在民主管理的过程中，不仅要根据职权范围和决策事项组织师生群体参与，还要注意激发和保护师生参与民主管理的积极性。领导干部不能因自己有职权便利，为了达到自己的行政目的就对师生主体言行加以干预，这是对民主管理权力的一种侵犯。诚然，领导干部也是民主管理的主体，作为个体同样进入民主管理系统，行使其民主权利，但身份的特殊性让领导干部既具有服务性又具有权威性。服务性是指领导干部在民主管理中要主动将权力分散给师生，保障师生在管理事务上的话语权、决定权和建议权。权威性是指在民主管理过程中，领导干部要对民主程序、民主范围进行把控，保证民主管理沿着既定的方向前进，主题和主要矛盾不偏离，不能任由其他主体主导民主管理。

三、高校民主管理的基本建设路径

高校民主管理要搭建平台，合理合法运用学代会、教代会等相对固定的运行平台，发挥代表作用。学生代表要克服学生干部、学生党员代言的固有倾向，尽量让普通学生参与到管理工作中来。教师代表要克服职位岗位话语体系和长官意志，无论教师是否具有行政职务，都要一视同仁，以普通教师身份参与民主管理。同时要尊重主体意愿，不搞强行安排、轮流参加。

学生民主参与的平台建设。要重点扶持和加强学生自治组织的建设，当前学生可以参与的公共平台主要是指学生会、学生社团等实体组织，"两微一端"、网络论坛等虚拟平台。这些平台由学校的宣传部门、共青团等直接负责管理，在参与民主管理时具有一定的局限性，学生的意见和声音容易被"过滤"和"选择"，很难达到民主管理的目的。对此，学校应将一部分平台交予学生进行自我管理，设置学生平台的同辈管理员，培养和激发学生的主动性。要推进学生会组织、社团组织的建章立制，学校层面多以指导意见的形式出现，不做过多干预，保证民主管理的相对独立性。要大力完善学生代表大会制度，保证学代会各项职权落实落地，对学生管理事务，学代会要讨论和研究学生制度的可操作性，建立学生提案落实反馈机制和监督检查机制。学代会可以要求学生管理部门就某项学生管理的具体工作进行述职和解释，接受学生代表的质询和提问，推进有关学生利益的改革决策，进入学代会征求意见，让学生参与到民主决策全过程。学院和学校职能部门，要接受广大学生的监督，并将意见提供给学校，作为单位考核的重要依据。

教师民主参与的平台建设。教职工代表大会是法律法规赋予教师参与学校民主管理、民主监督的基本形式，是一项根本性制度，在学校发展改革稳定中起着重要的作用。要推选一些在教学、科研、社会服务等方面有贡献，有一定影响力，能充分代表一定范围教职工的意愿和需求的教职工代表。要完善教代会本身的运行机制，理顺学校教代会和二级教代会的职权和民主管理范围。切实将教代会作为推进民主办学、汇聚和号召教职工的重要途径，支持教代会、职代会依法依规开展工作，对学科建设、教学科研改革、人才队伍建设、收入分配改革等涉及较重切身利益的决策，都要广泛征求教代会和执委会的意见，有条件的高等学校还可以在教代会下设置专门委员会，在休会期间处民主管理事务，最大限度地调动教职工在民主管理中的积极性。

民主管理日常平台建设。学代会、教代会等在高等学校都属于相对固定的民主管理模式，其工作和运行具有特定的时间限度，在休会期间民主管理事实上也中断了。要探索建立一些常态化的民主管理平台和参与民主管理的渠道，主要包括以下几个方面。

一是民主决策。决策是组织常态化管理的一类基本形式，高等学校在改革发展过程中，以常委会、党政联席会、校长办公会等形式出现，这类民主不需要普通师生参与，要力求民主决策，要不断健全党委领导下的校长责任制，坚持民主集中制，在决策前开展情况通报、意见征询、学术咨询、合法性审查等工作环节，完善依靠师生参与的工作机制，重要的事项还要进行听证和协商，做到科学决策、民主决策。

二是事务公开。要推进党务公开，完善党内信息公开机制，界定公开的范围、内容和公开程序。特别是对于干部选拔、党员发展、违规违纪通报等群众关心的事项要及时、准确进行公布。要推进信息公开，学校、学院、机关部门要有针对性地将开展的主要工作、重要决策部署向师生员工公开，把政策酝酿、意见征求、执行效果的监督权赋予全体师生，及时发现并调整工作中出现的问题。

三是沟通机制。高校要完善校领导接待日、调研座谈、意见信箱等协调沟通、收集意见的机制，将领导干部联系基层、联系支部、联系班级、联系教师、联系党外人士等制度落到实处。在实际工作中增加与基层普通教师学生面对面交流的机会，用日常化的民主形式，推进民主决策、民主办学落实落地。

案例：东南大学健全教代会各项机制推进校园民主建设[①]

东南大学是"全国模范职工之家"建设单位，以此为基础对教代会民主管理各项机制进行改革，提升民主管理水平，推进校园民主再上新台阶。

首先在执委会工作机制方面，强调民主管理和民主监督职能的落实。依据进一步健全和完善高等学校教职工代表大会制度的意见，学校开始加强执委会建设，代替了教师代表大会的常委会，作为执行机构而言，于教师代表大会闭会期间，常设在校内，保证了民主管理和民主监督工作的延续性其在教职工大

---

① 《东南大学健全教代会三项机制探索校园民主建设》，http://www.moe.gov.cn/jyb_xwfb/s6192/s133/s173/201301/t20130125_147180.html。

会的授权下开展工作。在学校重大事项决策上，只要是涉及发展规划及教职工切身利益相关的事项，都要先由教代会执委会研究讨论。如学院的发展规划、教师聘期考核的办法、教师岗位考核的办法、教师的奖惩办法等重要文件都由教代会执委会预先通过。同时还建立了调研制度，针对教师关心的热点难点问题，教代会执委会根据清单每年有计划地开展主题调研，特别是针对多地办学、教师的培养成长路径、教授治学、民主管理等内容深入研究，听取教师意见，形成完备的调研报告，由学校党委作为重要依据，对有关事项的决策部署起到重要的借鉴作用。

其次在提案的收集办理方面，强调民主管理的渠道能够落实。为了解决提案周期偏长、提案落实不到位、提案跟踪问效效率不高等问题，大力推进教代会提案工作的综合改革。一是缩短提案征集周期，最大限度地快速收集广大教师的意见建议，经常化、持续化开展征集工作。二是召开提案落实工作例会，由相关校领导牵头，定期主持召开落实推进会，针对提案落实情况，细化处理方案，明确责任部门，清单化管理，完成一项销号一项。三是针对已经办理完成的提案，由提案人组织并及时进行满意度调查，强化监督作用，并在每年教代会上作专题报告，充分发挥教代会代表的民主管理和监督作用。

最后在教师申诉工作方面，将保障教职工合法权益作为一切工作的出发点和落脚点。一是完善申诉机构设置，对问题和意见集中的专业技术职务评审、岗位聘用、考核评奖等领域，设置专门的委员会，由工会负责人和执委会成员出任主任委员，同时以科学专业带头人、教授委员会成员组成委员会，全面受理和解决教职工申诉投诉。二是完善申诉制度，研究出台专业技术职务评审、岗位聘用、考核评奖等专门的申诉审议办法和工作条例，规范申诉审议工作流程，提高工作效率。三是强化申诉工作效率，坚持"有申诉、必处理"的原则不动摇，充分发挥桥梁纽带作用，缓解专业技术职务评审、岗位聘用、考核评奖等工作中的突出矛盾，合理合法维护教职工利益，调动教职工积极性，保障学校改革发展稳定工作。

第六章　提升高校基层党组织发展推动力，以高质量党建引领高质量发展

第一节　坚持立德树人根本任务

一、人才是国家发展的关键资源

知识经济时代，随着人才推动经济发展、社会进步、科技创新的驱动力作用愈加凸显，人才资源相较于其他社会资源已经处在我国国家战略中的优先发展地位。中华民族历来有尚贤爱才的优良传统，"萧何月下追韩信""刘备三顾茅庐"等典故，无不揭示出中国古代人才观之精华。一代英主唐太宗李世民结合自己的治国体会，提出"为政之要，惟在得人"①的著名论断。明太祖朱元璋则更重视人才群体的作用，他对礼部臣僚们说："为天下者，譬如作大厦，大厦非一木所成，必聚才而后成。天下非一人独理，必选贤而后治，故为国得宝，不如孝贤。"②悠悠五千年的中华文明史蕴含着丰富而深刻的人才治国安邦思想。

中国共产党自诞生以来，就坚持以马克思主义理论为指导，历经每一代中央领导集体的生动实践和总结升华，逐步形成了具有中国特色的中国化马克思主义人才思想。在中国革命与新中国建设实践的深刻总结中，毛泽东同志形成了以"才德兼备""又红又专"为核心内容的人才思想③。邓小平同志在改革

---

① 史仲文、胡晓林编：《新编中国隋唐五代史（下册）》，人民出版社，1995年，第12页。
② 房列曙编：《中国历史上的人才选拔制度（上）》，人民出版社，2005年，第265页。
③ 参见侯鲁梁著：《毛泽东建军思想概论》，解放军出版社，1993年，第301页。

开放的实践中创新发展了以"尊重知识、尊重人才"为核心的人才思想①。江泽民同志在继续深入推进改革开放伟大实践中,结合分析当代世界综合国力竞争实质,提出了以"人才资源是第一资源"为核心的人才思想②。胡锦涛同志更是将人才工作看作经济发展、国家战略等各项事业发展的重中之重,在践行科学发展观的过程中形成了以"科学人才观"为中心的人才理念③。

2002年,中国加入世界贸易组织(WTO)后,为了加快融入经济全球化进程和提高国际竞争力,制定下发了《2002—2005年全国人才队伍建设规划纲要》,将"人才强国战略"首次纳入规划。2007年,《中国共产党章程》和党的十七大报告明确提出了人才强国战略,表明了其在中国特色社会主义建设中的基石作用。④

进入21世纪以来,伴随科学技术的迅猛发展,知识的主导性、决定性作用已经全面渗透到生产力的各要素中,人才资源催化经济社会加速发展的关键作用愈加凸显,进而促进产业结构、生产要素等各方面都发生了一连串的变化。人才是先进生产力的开拓者和推动者,是先进文化的创造者和传播者,人才资源是经济社会发展的决定性因素,人才优势是可培育、可依靠、可持续发展的优势。可见,现如今知识经济时代的竞争,归根结底是人才的竞争。

千秋基业,人才为本。习近平总书记在党的十九大报告中提出,"今天,我们比历史上任何时期都更接近、更有信心和能力实现中华民族伟大复兴的目标"⑤,因此,在新时期更要着力培养高水平人才,要"坚定实施科教兴国战略、人才强国战略"⑥。习近平总书记曾不止一次对国家兴衰强盛、综合国力竞争与人才资源的紧密关联程度进行翔实论述,从理论和实践上都足以证明人才是国家之间国力竞争的关键指标。

2018年,习近平总书记在全国组织工作会议上提出:"我们必须加快实施人才强国战略,确立人才引领发展的战略地位,努力建设一支矢志爱国奉献、

---

① 参见中华人民共和国人事部:《邓小平人才人事理论学习纲要》,人民出版社,1997年,第29页。
② 参见江泽民著:《江泽民文选(第三卷)》,人民出版社,2006年,第319页。
③ 参见胡锦涛著:《胡锦涛文选(第二卷)》,人民出版社,2016年,第128页。
④ 参见胡锦涛著:《高举中国特色社会主义伟大旗帜 为夺取全面建设小康社会新胜利而奋斗——在中国共产党第十七次全国代表大会上的报告》,人民出版社,2007年,第15页。
⑤ 习近平著:《决胜全面建成小康社会 夺取新时代中国特色社会主义伟大胜利——在中国共产党第十九次全国代表大会上的报告》,人民出版社,2017年,第15页。
⑥ 习近平著:《决胜全面建成小康社会 夺取新时代中国特色社会主义伟大胜利——在中国共产党第十九次全国代表大会上的报告》,人民出版社,2017年,第27页。

勇于创新创造的优秀人才队伍。"① 只有充分发掘人才资源宝库，高度重视人才、悉心培育人才、因势选用人才、科学管理人才，竭力打造人人希冀成才、人人奋发成才、人人皆能成才、人人尽施其才的氛围，才是加快实现百年奋斗目标与实现中华民族伟大复兴最稳固的基石和最有效的动力。

高校作为新时代人才培养的关键一环，在构建创新型国家中起着举足轻重的作用，在人才强国战略落地落实中起着至关重要的作用。《国家中长期教育改革和发展规划纲要（2010—2020年）》明确指出，要"牢固确立人才培养在高校工作中的中心地位，着力培养信念执着、品德优良、知识丰富、本领过硬的高素质专门人才和拔尖创新人才"②。高校的办学宗旨是立德树人，工作重心是培养人才。培养什么人，是教育的首要问题。扎根中国大地办教育，就是要充分发挥党的领导核心作用，明确社会主义办学目标，扎根国情民情，遵循教育规律，以坚定的文化自信为不竭动力，深深扎根于中国教育实践中，着力办好中国特色、世界水平的现代教育。

加强党对高校的领导力，明确党员干部的政治定位，是中国特色社会主义大学办学的根本保障。支部强不强，关键看"头羊"。高校党员领导干部要自觉加强党性锤炼，增强政治觉悟，提高政治能力，善于统筹全局，深入领会贯彻落实习近平新时代中国特色社会主义思想，才能切实提升高校治理体系与治理能力现代化水平。新时代高校要以提高党建工作质量为重要契机，强调用扎实制度夯实初心使命，不断增强高校全员育人意识，全方位构建"党建+"工作模式，始终坚持党建引领、统筹推进，将做好高校党建工作与立德树人根本任务深度融合，把育人使命扛在肩上。

加强高校基层党组织建设，激活党支部"创新动力"，是坚持立德树人和育人育才的根本保障。新时代高校要进一步加强基层党支部组织力，巩固党建基层，要针对高校特点，着手于基层党组织内部资源的有效分配、核心功能的最大程度利用来扎实推进各项工作有序开展。高校基层党建工作应主动与学科专业建设有机结合，在人才培养上发挥实际作用，着力开拓"一学院一特色、一支部一品牌"的实践创新与经验积累，这也是基层党组织事业领导力的重大体现。高校基层党支部要注重妥善解决广大师生密切关心的现实问题，既从严教育管理党员，又充分调动党员积极性，充分发挥党员主体作用，从而不断提

---

① 习近平著：《在全国组织工作会议上的讲话》，人民出版社，2018年，第24页。
② 《国家中长期教育改革和发展规划纲要（2010—2020年）》，人民出版社，2010年，第28~29页。

升基层党组织的组织力。

二、抓好思政课程与课程思政

习近平总书记在 2019 年学校思想政治理论课教师座谈会上强调了思政课的重要性，"思政课是落实立德树人根本任务的关键课程"[1]，"青少年阶段是人生的'拔节孕穗期'，这一时期心智逐渐健全，思维进入最活跃状态，最需要精心引导和栽培"[2]。可见，在实现"两个一百年"奋斗目标和中华民族伟大复兴中国梦的征途上，思政课有着重要的影响和作用。要把思政课讲好盘活，就要始终坚持以习近平新时代中国特色社会主义思想立德树人，引领学生切实践行"四个自信"，主动把强国目标、爱国情感和报国热情同坚持和发展中国特色社会主义事业、建设社会主义现代化强国、实现中华民族伟大复兴中国梦结合起来。

健全高校思政课教师队伍建设是践行高校思政课立德树人根本任务的首要环节。习近平总书记强调："办好思想政治理论课关键在教师，关键在发挥教师的积极性、主动性、创造性。"[3] 我国的高校思政课教师队伍主要包括专任教师、辅导员、党务工作人员、领导干部等，他们肩负重要责任。教师的教学能力将直接影响"主阵地、主渠道"作用的成效，因此要全面加强教师队伍专业化建设，促进教师在政治素养、人格素养、专业素养等方面持续发展提升，在教师培训、科研、提升、考核等关乎个人成长的重要环节建立健全激励制度，为思政课教师全身心投入课堂教学研究做好充分的"后勤"保障。

构筑高校思政课教育体系是践行高校思政课落实立德树人根本任务的关键内核。网络时代与经济全球化的高速发展，对思政课知识体系构建提出了全新挑战。课堂教学内容是影响教学效果与质量的关键因素之一，教材内容理论性强，学生接受存在一定难度，久而久之将影响学生学习热情。高校思政课教师应注重将教材中抽象知识转化为生活化、具体化、生动化的语言或故事，把握学生实际需求，贴近学生关注热点，以此提高授课成效。此外，伴随时代、环境的变化，课堂教学内容也应做到与时俱进。站在时代前沿对思政课进行研究，帮助学生去分析和思考新时代出现的新问题，才能让理论课课堂教学充满

---

[1] 习近平著：《思政课是落实立德树人根本任务的关键课程》，人民出版社，2020 年，第 2 页。
[2] 习近平著：《思政课是落实立德树人根本任务的关键课程》，人民出版社，2020 年，第 2 页。
[3] 习近平著：《思政课是落实立德树人根本任务的关键课程》，人民出版社，2020 年，第 10 页。

生机与活力。

创新高校思政课课堂建设是推动高校思政课落实立德树人根本任务的重要载体。卓有成效的思政课教育建立在对受教育对象思想的深刻剖析之上，应注重转变教学理念，拓展课堂建设思路，强化"以生为本"，加强教学针对性与亲和力，才有利于了解学生思想状况，有利于激发学生学习兴趣，有利于促进学生完成从"被动参与"到"主动思考"的转变，真正实现师生互动的"翻转课堂"。习近平总书记强调："要高度重视思政课的实践性，把思政小课堂同社会大课堂结合起来，在理论和实践的结合中，教育引导学生把人生抱负落实到脚踏实地的实际行动中来，把学习奋斗的具体目标同民族复兴的伟大目标结合起来，立鸿鹄志，做奋斗者。"[1] 社会实践是思政课程的重要延伸，是引导学生贴近实际、贴近生活、贴近思想的有效渠道，也是培养学生独立思考、辩证思考、全面思考的真实方式，应注重用好用活中华优秀传统文化、革命文化、社会主义先进文化等文化资源，切实增强高校思政课的吸引力和感染力。

教学课程是高校立德树人的理论源泉，所有课程都发挥着立德树人的功能。习近平总书记在全国高校思想政治工作会议上指出："要用好课堂教学这个主渠道，思想政治理论课要坚持在改进中加强，提升思想政治教育亲和力和针对性，满足学生成长发展需求和期待，其他各门课都要守好一段渠、种好责任田，使各类课程与思想政治理论课同向同行，形成协同效应。"[2] 思政课程是对大学生进行思想政治教育的专门课程，但课程思政的内核是一种理念，既不是新开课程，也不是增设活动，而是应该在教学改革的实践中发挥思政教育的理论引领作用，由浅入深，厚植立德树人理念。因此，准确把握课程教学主赛道，深入领会"课程思政"的关键内核，精确掌握"课程思政"的价值蕴涵，全面筹划"课程思政"的发展路径，是高校培养高水平人才，助推社会主义现代化建设的核心要求。

首先，"课程思政"的首要目标是育人，因此要处理好知识普及和价值导向的关系，明确人才培养的方向。其次，要正确认识和处理专业技能训练与人的全面发展的关系，重视学生的"三观"教育，以及对品行健全、文化修养、竞技精神和审美意蕴等的培养。最后，要处理好主流意识形态引领性和课程形式多样性之间存在的矛盾，明确马克思主义在意识形态领域的领导地位，也要

---

[1] 习近平著：《思政课是落实立德树人根本任务的关键课程》，人民出版社，2020年，第20~21页。

[2] 习近平著：《习近平谈治国理政（第二卷）》，外文出版社，2017年，第378页。

考虑课程类型的不同而有所侧重。由此，影响高校"课程思政"形成的因素具有多面性，其中教材是基石，教师是重心，制度健全是根本保障。

教材是"课程思政"的重要内容，是立德树人的主要依托。健全教材表明了理论知识的价值引导性，特别是学科核心课程教授的内涵，对于学生择业观、就业观均有着重大影响，因此更应强化主流价值引领。

教师是"课程思政"的实施主体，其育人观念直接影响着"课程思政"的实际效果。身处促进高校学生价值观形成的重要阶段，高校教师必须自觉树牢育人意识，时刻铭记育人职责，不断提升育人能力，着重协调理论知识和实践能力的教学占比，减轻价值灌输的倾向，重视建立知识与人、与生活多维度的交互关系。比如，在讲授科学家所创造的知识成果及应用价值的同时，也要着重介绍其探索真理的勇气、爱国报国的情怀和锲而不舍的精神，引导学生传承科学家的高尚人格及奉献精神，以此来培养学生学习钻研的兴趣和追求新知的志趣。

制度体系是推进"课程思政"建设的保障措施。在制度层面，一是要重视顶层设计，坚持多部联动、汇聚合力，推进常态化领导机制、管理机制、运行机制和评价机制的确立；二是有机协调学科体系建设，发扬学科立德树人的战略优势，推动学科育人共同体的建成；三是党政领导班子要亲临"课程思政"一线，参与授课过程，加强理论指引；四是人事相关部门要制定激励机制，在师资培养、职称评审、人才引进等方面进行有政策倾斜；五是教学相关部门要协同教育资源，明确"课程思政"建设规范与评判准则，着重推动育人课程、模范课程、示范团队的建设。只有当每一位教师自觉地参与"课程思政"建设时，才能使"课程思政"建设落细落实、生根开花。

三、深入贯彻"三全育人"理念

在经济全球化、文化多元化、信息网络化的新时代背景下，当代大学生思想政治教育正受到西方意识形态、多元价值体系以及纷繁杂乱的互联网环境的多重冲击。2016 年，习近平总书记在全国高校思想政治工作会议中指出："要坚持把立德树人作为中心环节，把思想政治工作贯穿教育教学全过程，实现全程育人、全方位育人，努力开创我国高等教育事业发展新局面。"[1] 大学生思想政治教育不仅要体现在课堂教学中，更要贯穿大学生活各个环节。2017 年，

---

[1] 习近平著：《习近平谈治国理政（第二卷）》，外文出版社，2017 年，第 376 页。

中共中央、国务院在《关于加强和改进新形势下高校思想政治工作的意见》中提出，"坚持全员全过程全方位育人。把思想价值引领贯穿教育教学全过程和各环节"[①]。

"三全育人"综合改革不仅仅是对当前高校的育人项目、育人载体和育人资源的整合，更是对长远发展的育人格局、育人体系以及育人标准的重新建构。从全员角度出发，高校要积极构建一支有领导统筹、有干部落实、有专业素养、有全员参与的一体化思政教育队伍，着力形成育人合力；从全过程角度出发，应根据时代特征与大学生的阶段特点，关注学生需求，抓住关键节点，突出针对性，实施各阶段的育人，全面促进学生成长成才；从全方位角度出发，应注重整合不同资源，在实现学校、家庭、社会有机联动上下功夫，在实现思政课程与"课程思政"协同联动上下功夫，在探索创新亲和力强、针对性强的育人路径上下功夫，以达成各个平台、层次和类型间的有效联动。结合党的十九大号召，教育部党组印发了《高校思想政治工作质量提升工程实施纲要》（教党〔2017〕62号），强调要"充分发挥课程、科研、实践、文化、网络、心理、管理、服务、资助、组织等方面工作的育人功能，挖掘育人要素，完善育人机制，优化评价激励，强化实施保障，切实构建'十大'育人体系"[②]。

统筹推进课程育人对于全面实施立德树人意义重大。课堂学习占据着大学生活的主要时间精力，如何在课程知识内容中渗透思想政治教育或价值观教育元素显得尤为重要。高校可从顶层设计制定激励约束政策，鼓励一批政治素养强、业务能力硬的党员教师牵头成立"课程思政研究中心"，着力防止"重教书轻育人、重智育轻德育、重科研轻教学"[③]的情况出现。

科研育人重在培育师生为国奉献的崇高理想、身先士卒的拼搏精神、进取创新的奋斗观念以及求真务实的科研作风，应进一步加强师生学术道德、学术诚信的教育和约束，充分发挥德才兼备、品学兼优的师生党员示范引领作用，力求营造风清气正、互学互鉴、积极向上的学术生态。

实践育人承担着协助大学生锤炼品质、提升能力、认知社会的重要功能，是培养践行社会主义核心价值观的重要路径。实践育人涉及的责任主体较多，

---

① 中共中央党史和文献研究院编：《十八大以来重要文献选编（下）》，中央文献出版社，2018年，第480页。
② 中共教育部党组：《中共教育部党组印发〈高校思想政治工作质量提升工程实施纲要〉》，http://www.moe.gov.cn/srcsite/A12/s7060/201712/t20171206_320698.html。
③ 童世骏主编：《建设社会主义教育强国研究》，人民出版社，2019年，第86页。

需要建立健全各类主体的协同制度，加强对实践育人的指导并与课程育人相衔接，积极推进启发引导的体验式教育等方法改革，提高实践育人的专业性、科学性和实效性。

文化育人的成效不仅依靠学校宣传管理部门，同样与校风、教风、学风有着密切关联。文化育人既要求抓好关键少数，也要坚持"全员育人"，在传承和创新中华优秀传统文化、革命文化、社会主义先进文化上下功夫，坚决抵制腐朽庸俗、封闭落后的文化"糟粕"侵蚀，倡导构建以社会主义核心价值观为引领的和谐校园。

网络育人可以说是当下文化育人的新阵地。网民的自主自由使得网络先进文化不能仅仅依靠推送或传播，还要着力增强其吸引力、说服力和感染力，以此提高点击率与认同度。高校不仅要在网络管理服务上下功夫，也要着力培养校园人物网络"意见领袖"，及时把握网络舆情导向，打造一批有正能量、有责任感的网络"大咖"。

心理育人是"十大育人体系"中专业性最强的一环，培养一支专业素养过硬、有力度有温度的专业团队是基本需求。此外，要加强与文化育人、服务育人协同联动，着力提高师生心理保健能力。

管理育人是高校运行的基础环节之一。应建立健全依法治校规章，重视完善高校治理体系与提高现代化办学能力，进一步规范教师人才队伍管理，增强管理岗位人员育人意识，充分调动师生党员干部干事创业积极性，加强学生自我管理能力。

服务育人要迎合新时代需求，将立德树人潜移默化地融入师生头脑中，提升服务人员服务意识，引导其在明晰岗位的同时，坚持以身作则，给予大学生思想上的引领。

资助育人不仅注重公平公正、合理合规，更要强调"精神资助"导向与育人内涵，培养学生自强自立的奋斗精神、诚实守信的契约精神、知足惜福的感恩精神、勇于创新的进取精神。

组织育人在大学生思想政治教育中极为重要，要充分发挥基层党组织战斗堡垒作用，严把"入口关"、强化"培养线"、吹响"服务号"、注重"再教育"，以党员示范引领作用带动各项工作深入落实。此外，要发挥好各类群团组织、学生社团的育人功能，在管理指导、政策支持等方面给予足够关注，鼓励创新组织活动载体，充分激发学生党员干部的主观能动性。

第二节　发挥服务社会的支撑作用

一、科技创新是第一生产力

实现"两个一百年"奋斗目标，实现中华民族伟大复兴，必须依托国际国内新局势，汲取世界前沿科技智慧，着眼国家核心需求，推动全方位的科技创新。习近平总书记把科技创新提升到战略高度，将科技创新置于国家发展战略和全局部署的关键方位[①]。目前，中国已是世界第二大经济体，但仍面临着发展不平衡不充分的问题。今天，中国将再次迎来历史性交汇期与世界新一轮科技革命，抓住重要战略机遇期，加快实施创新驱动发展战略，将会深刻影响国家前途命运与民生福祉。把科技创新提升到社会主义建设的核心位置，全面推动科学技术的可持续发展，这更将成为实现中华民族伟大复兴中国梦的重要契机。

"创新是一个民族进步的灵魂，是一个国家兴旺发达的不竭动力，也是中华民族最深沉的民族禀赋。在激烈的国际竞争中，惟创新者进，惟创新者强，惟创新者胜。"[②] 纵览中国历史进程，不难发现中华民族骨子里就蕴藏着深刻的创新创造精神。四大发明、丝绸陶瓷、《本草纲目》、《天工开物》，中国古代"造物者"的文明结晶无不体现着重要的科技思想，深刻影响着世界前进的步伐。古有商汤"日新"[③] 自勉、先秦典籍《墨经》"利民"[④] 主张、宋代程朱理学"格物致知"[⑤] 等，都在深刻叙述着中华优秀传统文化中的创新精神和变革思想。

到了近代中国民主革命初期，"师夷长技以制夷"[⑥] 的洋务运动不仅提倡创办新式军事工业，同时主张发展轮船、铁路等新型工业增强国力，创办新式

---

① 《中国共产党第十九届中央委员会第五次全体会议公报》，人民出版社，2020年，第12页。
② 习近平著：《论党的青年工作》，中央文献出版社，2022年，第44页。
③ 李军主编：《传统文化与国家治理现代化》，人民出版社，2020年，第191页。
④ 童恒萍著：《墨学精神研究》，人民出版社，2010年，第98页。
⑤ 侯外庐等主编：《宋明理学史（上卷）》，人民出版社，1984年，第155页。
⑥ 肖萐父、李锦全主编：《中国哲学史（下卷）》，人民出版社，1983年，第308页。

学校，注重留学深造，培养了一批科技人才。抗日战争时期，为解决陕甘宁边区生产问题和国防技术的实际运用问题，中共中央成立了延安自然科学研究院，运用科技力量战胜困难。

新中国成立后，党的历届领导集体更是高度重视科技事业发展。"一五"期间，为加快我国由落后农业国向工业国转变的步伐，毛泽东同志派遣大量人员到苏联学习先进技术，开启了我国现代科学的建设事业。之后，他带领党和人民"向科学进军"①，并提出科学建设的主要内容和实现路径。1978年，邓小平同志在全国科学大会上作重要讲话，明确提出了"科学技术是第一生产力"②等著名论断，为我国科技事业的发展指明了方向。改革开放后，邓小平同志在以史为鉴的基础上，紧跟科技革命的新浪潮，切实剖析现代化建设对人才的现实需要，指出应当"尊重知识，尊重人才"③。江泽民同志继承和发展了"科学技术是第一生产力"的思想，指出我国要加快落实科教兴国战略，发挥科教的育人功能，健全科技体系，提升国家的科技竞争力。2001年，江泽民同志在中国共产党成立80周年大会上明确提出"科学技术是第一生产力，而且是先进生产力的集中体现和主要标志"④。在科技革命全球化和全面建设小康社会的背景下，胡锦涛同志在借鉴马克思主义科学技术理念的基础上，结合我国科技发展现实，形成了以"自主创新"为核心的科技创新思想⑤。

进入新时代后，国际政治、经济、军事、科技方面的竞争呈现出复杂多变的趋势，面对全面建成小康社会与实现中华民族伟大复兴的关键期，习近平总书记多次强调科技创新的关键性，并提出了符合时代发展的新思想、新决断、新目标，高屋建瓴、意蕴深刻，构建了系统的新时代科技创新理论体系。在两院院士大会上，习近平总书记强调："中国要强盛、要复兴，就一定要大力发展科学技术，努力成为世界主要科学中心和创新高地。"⑥建成世界科技强国，坚定不移地实行创新驱动战略，明确了新时代国家发展进程中科技创新的战略地位。习近平总书记强调："我们必须把创新作为引领发展的第一动力，

---

① 释清仁主编：《一起来读毛泽东》，人民出版社，2023年，第165页。
② 邓小平著：《邓小平文选（第三卷）》，人民出版社，1993年，第273页。
③ 邓小平著：《邓小平文选（第二卷）》，人民出版社，1994年，第40页。
④ 中共中央文献研究室编：《十五大以来重要文献选编（下）》，人民出版社，2003年，第1905页。
⑤ 胡锦涛著：《胡锦涛文选（第二卷）》，人民出版社，2016年，第43页。
⑥ 习近平著：《在中国科学院第十九次院士大会、中国工程院第十四次院士大会上的讲话》，人民出版社，2018年，第8页。

把人才作为支撑发展的第一资源，把创新摆在国家发展全局的核心位置，不断推进理论创新、制度创新、科技创新、文化创新等各方面创新，让创新贯穿党和国家一切工作，让创新在全社会蔚然成风。"[1] 习近平总书记针对新时代科技创新的理论阐述不仅秉承和发扬了马克思主义科技观，同时也在科技理论层面完善了习近平新时代中国特色社会主义思想。

"中国共产党领导是中国特色科技创新事业不断前进的根本政治保证。"[2] 在一代又一代共产党人艰苦卓绝的奋斗中，我国科技创新事业也在发生着历史性变革，取得了历史性突破。纳米技术、干细胞分化与转换、癌症诊断标志物、人类基因序列等基础理论创新，"两弹一星"、超级杂交水稻、载人航天、探月工程、量子通信、北斗导航、高速铁路、航空母舰等一系列重大工程技术成果，使得我国在当今世界大舞台上有着越来越深刻的影响力。我国科技事业之所以能够密集发力、加速跨越，最根本的原因是以习近平同志为核心的党中央观大势、谋全局，坚持对科技事业的引领。只有始终坚持党在科技事业上的主导地位，才能保障我国建成世界科技高地的目标得到稳步推进。

新时代高校肩负着科学研究的重要职责，只有坚持党的正确领导，充分发挥习近平科技创新思想的指导作用，才能筑牢科技强国思想之基。高校应注重强化党员领导干部的理论武装，为高校科技创新机制改革注入强大活力；注重强化教师人才队伍的思想武装，不忘教育初心、牢记强国使命，自觉将科技创新事业与国家前途命运紧密联系；注重强化青年学子的报国之志，引导广大学生脚踏实地打好科学知识基础，勇于拼搏培养创新创业精神，充分发挥学生党员的示范引领作用，为建设世界科技强国提供更多人才和智力储备。

新时代高校学生应主动从党的科学奋斗史中汲取滋养，继承和发扬老一辈科学家坚持国家和人民利益至上的优良传统，自觉践行新时代科学家精神。例如，抗战时期，面对战火纷飞、家国破碎、技术封锁、原料短缺的窘境，侯德榜的艰苦奋斗和卓越成就赢得了世界瞩目。钱学森等老一辈科学家毫不犹豫放弃海外优厚待遇投入祖国怀抱，虽百折而不回。以黄旭华为代表的专家学者隐姓埋名、不计得失，长期投身核心装备研发，虽万死而不辞。"南仁东星"高悬苍穹，时刻提醒我们在浩瀚的科学星空中，只有坚持"仰望星空，脚踏实地"，才能探寻更多远方的未知与真谛……唯有承继先辈精神，我们才能以更

---

[1] 习近平著：《论坚持人与自然和谐共生》，中央文献出版社，2022年，第105页。
[2] 习近平著：《在中国科学院第十九次院士大会、中国工程院第十四次院士大会上的讲话》，人民出版社，2018年，第23页。

加坚定的决心与毅力建设祖国、报效祖国。

二、促进地方经济社会发展

高校作为一流人才的培育摇篮和前沿知识的创新场所的性质,决定了其在服务社会职能上的巨大优势。《国家中长期教育改革和发展规划纲要(2010—2020年)》明确提出:"高校要牢固树立主动为社会服务的意识,全方位开展服务。"[①] 在我国高等教育体系中,高校扮演着极为重要的角色,始终为区域经济建设和社会发展提供人才与技术支撑。提升高校服务社会能力既对地方经济发展有所促进,同时也能帮助高校更好地了解市场需求,及时发现其竞争优势与不足,适时调整专业设置与人才培养方案,通过改革创新进一步完善高校自身发展。高校建设依托社会,办学为民,增强高校服务社会能力是促进高校、政府、社会三者和谐发展的有效路径。

现实社会中,高校从硬件基础和软件资源两方面来服务社会。在硬件基础方面,高校通过开放共享图书馆、体育馆、实验室、计算机中心等教学资源,为人们的学习、生活、工作、娱乐等方面提供便利场所和设备设施。在软件资源方面,高校积极主动对接地方政府、行业企业,进行学术文化交流,充分发挥智库优势,努力为企业和社会各界提供所需的人才。高校不仅仅是知识产品、文创产品的生产平台,同时是社会进步、地方发展的智慧源泉所在。在促进地方经济社会发展上,高校服务社会能力可以从以下四方面着力提升:人才培养服务、科技产业服务、文化传播服务、政府咨询服务。

高校人才培养促进社会发展。当今世界正处在经济全球化、价值多元化、政治多极化的时代,推行素质教育和促进人的全面发展被国家、社会、高校摆在越来越举足轻重的位置。由此,高校不仅要培养有公民意识的高素质人才,也要根据地方社会需求的不同,在专业技术上有针对性地培养研究型、应用型、技能型等不同类型的人才。在提高人才培养质量方面,应注重夯实专业基础知识,加强人文素养培育,不断完善人才培养方案;注重发挥教师队伍的重要资源,鼓励党员带头深入企业生产实地考察、挂职,在教学中实践、在实践中教学,着力培养"双师型"教师,引导教师通过丰富的实践实习经验来优化调整相关课程设置;注重调整学科专业布局结构,在重点学科建设和特色学科建设上加大力度,在实验开发、生产实习上主动联系企业,在真实环境中提升

---

① 《国家中长期教育改革和发展规划纲要(2010—2020年)》,人民出版社,2010年,第30页。

学生实践动手能力，完善校企人才联合培养制度与实习制度，形成订单式、定制班人才培养机制，提升人才服务针对性；注重成人教育和继续教育发展，凭借高校资源丰富的天然优势，借鉴国外"社区大学"功能齐全、服务全面、途径多样的办学经验，为企业、社会提供内容、时间、地点灵活的办学服务，同时促进公民道德素质提升。

高校科技创新促进经济发展。当今科技发展日新月异，高校科学研究应紧密围绕区域经济社会发展的需要，推动地方经济社会发展。首先，鼓励高校与地方企业科研机构共建实验室、工程研究中心，最大化促进高校科研资源共建共享，深化校企合作、强化技术创新，建立科技服务体系，成立科技服务咨询中心，助力区域企业科研机构科技进步。其次，推动产学研深度合作，针对技术难关，企业"出题"、高校"答题"，合作共建产业研究院、科技孵化园，引进高校先进技术促进企业发展，最大化激发协同科技创新活力。鼓励高校科研人员投入成果转化，从顶层设计上建立健全科技成果转化评价体系，完善成果推广激励制度，通过技术转让、技术持股、创办企业带动地方经济发展，为社会带来就业岗位与价值创造机会。

高校文化传播促进文明发展。高校图书馆是高校师生教育学习的重要场所，为社会公众提供公共服务是所有图书馆的共同属性，对推进公民道德素质提升、建设学习型社会具有深远影响。强化图书馆基层党组织服务意识，提升公共服务能力和网络化服务能力，建立健全图书馆公共服务体系与配套政策，都是推进高校图书馆助力国家文化软实力提升的可行性方案。此外，大学校园是思想交锋、文化交融、文明孕育的重要场所，如何将我国"三大文化"的传承与创新融入校园文化建设显得尤为重要。在塑造校园"硬文化"上，要着力打造卫生舒适的生活环境，美观大方的校园环境，以及蕴涵精神意义的符号景点，可以邀请师生共同参与设计，做好文化外显。在培育校园"软文化"时，要深入挖掘用好大学精神，引导学生树立正确的世界观、人生观、价值观，不断营造风清气正的学风、教风、校风，展现高校文化传统和育人特色，充分发挥学生组织的主观能动性和创新思维，创新活动载体、参与方式、激励形式，促进高校间、高校与社会间交流互动，以青春洋溢、风华正茂的时代面貌助力社会文明建设。

高校智库参与政府决策促进地方发展。随着我国改革进入深水期、攻坚期，政府面临的社会矛盾将会变得更尖锐、更复杂、更深层次。2014年2月，教育部正式发布《中国特色新型高校智库建设推进计划》，这标志着中国高校智库建设迈入了新阶段。高校智库参与政府咨询决策，不仅有助于决策民主化、科学化,也有助于政府决策过程更加开放透明,还有助于拓宽大学专家学者参政议政的通道。面对当下高校智库参与政府决策的困境,政府可与高校共建政策研究中心,健全高校智库独立自主、公平开放、与时俱进的参与机制。

三、发挥优势助力"三大攻坚战"

习近平总书记在党的十九大报告中提出:"要坚决打好防范化解重大风险、精准脱贫、污染防治的攻坚战,使全面建成小康社会得到人民认可、经得起历史检验。"[①] 青年中孕育着党的新鲜血液,青年是打赢"三大攻坚战"不可或缺的中坚力量。而高校则是青年的信仰播种机,是青年的精神"钙"源地,是青年的成才聚集地,高校助力打赢"三大攻坚战"既有天然优势,又有时代责任。

(一)主动作为,防范化解高校重大风险

加强高校党的建设,坚守意识形态阵地。现如今,世界文化思潮多层次交流、交融、交锋频繁,国内矛盾挑战与国际关系问题错综复杂、集中呈现,网络已经成为舆论斗争的主战场。由此,新时代高校面临着更加多样化的风险与挑战。加强防范化解高校重大风险的体系建设和能力建设,应当切实明确党政领导干部的政治站位,始终把保障高校长治久安作为一项重要政治任务和战略工程。面对广大师生群众,不仅要全面系统地加强思想政治教育和国情教育,把"入脑""入心"作为重要隐性指标,还要积极主动地做好网络舆论引导,特别是要加强对重大活动、热点问题和突发事件的风险防范,着力创建培育社会主义建设者和接班人的平安校园。

突破重要科技领域,贡献国家安全力量。当今我国科技创新取得了一项项举世瞩目的新成就,然而仍有不少领域存在"卡脖子"技术难题,距世界先进水平有不小差距,多领域核心关键技术仍未达到自主研发程度,而这些差距给我国的国家安全带来重大威胁。在当今复杂的国际关系中,国家安全早已不再是相互孤立、毫无关联的各领域集合,而是构成相互影响、有机统一的国家安全"命运共同体",科技领域攻关突破对于国家安全体系意义重大。中国科学技术大学潘建伟教授领衔的"墨子号"量子科学实验卫星科研团队艰苦攻关,

---

① 习近平著:《决胜全面建成小康社会 夺取新时代中国特色社会主义伟大胜利——在中国共产党第十九次全国代表大会上的报告》,人民出版社,2017年,第27~28页。

最终取得重大突破，为我国的信息安全贡献巨大。西南石油大学和国内相关科研机构共同开发研制的天然气水合物固态流化开采技术于2017年首次在中国南海海域试开采成功，在能源安全方面意义深远。高校作为科技创新高地，就是要继承和发扬老一辈科学家精神，争分夺秒地在学术研究和科技创新领域不断取得战略性突破。

梳理教育领域风险，树立高校良好形象。习近平总书记深刻分析的几处重大风险领域，大多与教育有着千丝万缕的联系。教育要坚持守土有责，守土尽责。在我国高等教育深化改革和快速发展中，很多高校都存在着债务风险、金融风险、廉政风险。高校财务风险的预警可依赖于规范化和制度化的财务管理，从管理框架、单位层面和业务层面形成长远的高校内部控制预警和防范机制。近年来，高校学术不端事件备受社会舆论关注，亟待建立健全长期有效的风险防控机制，将高校学术与学风廉洁风险防控纳入党建工作中去，形成学术与学风廉洁风险防控新格局。加强师生党员学术道德与学术诚信建设，设立科技道德伦理及法治教育环节，端正科研态度、增强学术廉洁意识，强化校园健康学术氛围营造，多渠道铸牢思想防线"堤坝"。

（二）强化担当，大力服务精准脱贫

党的十八大以来，习近平总书记高度重视扶贫开发工作，从治国理政的政治高度突出扶贫开发的重要性，从全面建成小康社会的时代高度落实扶贫开发，从"五位一体"总体布局、"四个全面"战略布局的战略高度推进扶贫开发，亲自挂帅、亲自出征、亲自"督战"，全面系统地阐述了精准扶贫思想的丰富内涵、精神实质和实践要求。2021年2月，习近平总书记在全国脱贫攻坚总结表彰大会上宣布"我国脱贫攻坚战取得了全面胜利"[①]。这项举世瞩目、彪炳史册的伟大成就，汇聚了全国人民、各级党政组织的付出与心血，而高校更是这场扶贫战役中的重要力量。

高校因其丰富的智力资源和人力资源，能够在精准扶贫、乡村振兴工作中发挥特殊优势。扶贫先扶志，扶贫必扶智。高校充分利用教育资源优势，结合对口点的实际需求，提供网络教学资源，建立优质生源基地，促进人才交流，发挥高校在人才培养培育方面的优势，为对口区域提供有助于地方经济建设的优秀人才。文化扶贫方面，高校以图书文体器材捐赠、影视文艺展演、医疗健康义诊，推动乡村文化和健康素养提升，提升当地民众思想水平和文化品位，

---

① 习近平著：《在全国脱贫攻坚总结表彰大会上的讲话》，人民出版社，2021年，第1页。

营造积极向上、文明和谐的乡村生活氛围，建设长期稳定的大学生社会实践基地，提供支教服务、科研服务、劳动服务。高校还充分结合当地特色发挥自身创新创业能力特长，聚焦产业扶贫、匹配市场需求、科学规划项目，用好市场经济下的先进科学技术，重点开发农产品、特色科技产业，为定点帮扶地区发展特色产业提供资金、技术、市场、渠道等资源，着力实现"一县一业"、"一村一品"的产业构想。

驻村干部是高校参与落实精准扶贫、乡村振兴的关键因素。要选派政治过硬、能力过硬、作风过硬的党员干部深入一线担任驻村干部，尊重民风民俗，科学系统地考察民情特色、挖掘资源特色、研究发展困境，激发当地民众脱贫信心、坚定决心，才能增强受帮扶百姓对帮扶行为的理解度、认同度、支持度和参与度，才能因地制宜、因人而异地合理制定完善帮扶计划与措施，助力各地帮扶工作向着"各美其美、美美与共"的目标迈进。此外，要尊重基层干部的发言权，他们由于长期工作在当地，更明晰帮扶规划与措施的可操作性，更能直击要害、切合实际地提出符合现实情况的建议和对策。中国共产党始终坚持从群众中来、到群众中去，这就要求高校党组织必须问需于民、问计于民、问效于民，要始终坚持以虚心求教的"低姿态"对待帮扶对象，在扎实广泛的民意基础上深入推进乡村振兴工作。充分理解和尊重个体差异是做好乡村振兴工作的重要前提，只有这样才能更有针对性地制定差异化、个性化的帮扶措施，才能实现真正的因户施策、精准施策。

（三）肩负使命，自觉投身污染防治

随着经济社会快速发展，物质生活水平逐步提高，健康状况已然成为影响中国人幸福感的重要因素之一。而在当下，生态环境质量越来越成为居民健康的重要参考指标。坚持生态惠民，就是把解决生态环境问题放在民生优先领域，大力构建广大人民群众满意的清洁美丽生活空间。由此，生态环境安全正成为备受社会各界关注的热点问题。为顺应人民群众对美好生活的向往，以习近平同志为核心的党中央着眼党和国家发展全局，在党的十九大会议上对加强生态文明建设、打好污染防治攻坚战、建设美丽中国作出了全面战略性部署，指出要坚决打赢蓝天保卫战、打好碧水保卫战、推进净土保卫战，全面建成美丽中国，为中华民族提供源源不竭的发展动力。

高校党委要坚持以习近平生态文明思想为指引，用高度的民族责任、时代眼光、政治自觉助力打好污染防治攻坚战。高校肩负育人使命，要从课程、科研、生活、文化等方面厚植"荫泽后人"的绿色发展观，提升师生"绿水青山

就是金山银山"的科学观念，着力构建生态道德教育体系，切实巩固新时代生态文明理念。高校要着力强化基层组织建设，加强环境保护科普宣传与污染防控战略宣传，深入推进校园垃圾分类公益行动，组建党员小分队分赴社区、街道、乡村、工厂进行社会实践，科学施策推动污染防控攻坚战取得新突破。高校实验室的环境安全是高校教学、科研工作正常开展的重要保障。应注重从技术策略、制度策略构建实验室污染防控体系，坚决防范"三废"肆意排放，坚决完善科学预防、源头管理、系统规划、监督约束一体化防控制度，不断提出有利于构建高校实验室环境安全与污染防控体系的新举措、新观念与新思想。

（四）共克时艰，提升应急管理能力

2020年春节前夕，一场突如其来的疫情肆虐神州大地。习近平总书记亲自部署、亲自指挥，作出一系列重要指示和批示，提出"坚定信心、同舟共济、科学防治、精准施策"[①]的总要求，强调"坚决打赢疫情防控的人民战争、总体战、阻击战"[②]。高校作为教书育人、科学研究、服务社会、文化传承的国家事业机构和人员密集的重点防疫场所，科学有效地开展疫情防控工作，精准全面地提供疫情防控信息，是高校不可忽视的重要社会职责。疫情的快速发展，对教育系统在重大突发公共事件中的应急处置能力和管理机制、服务、发展等方面也是严峻的考验。

从2020年1月起，教育部陆续发布了《关于切实做好新型冠状病毒感染的肺炎疫情防控工作的通知》《关于切实做好新型冠状病毒感染的肺炎疫情防控工作应急预案的通知》和《关于2020年春季学期延期开学的通知》等通知，旋即实施公共卫生类突发事件教育领域应急方案，着力健全应急处理机制，坚持顶层设计、科学研判、快速行动，统筹部署各地及有关高校强化防疫责任使命担当、切实做好突发应急预案、落实"日报告、零报告"制度、实施分类落实防控、加强科学研究攻关、主动参与联防联控、坚持改善卫生环境条件、加强师生身心健康教育、及时准确报送各类信息、积极推广防疫有效做法等。按照上级要求，明确各学校在疫情流行期间取消一切聚集性教育教学活动，师生不得提前返校、提前开学，以最大限度、最快行动来阻断疫情的校园传播扩散渠道。与此同时，教育部逐步统筹整合教学资源，提供丰富优质的网络课程，

---

① 中共中央党史和文献研究院编：《习近平关于统筹疫情防控和经济社会发展重要论述选编》，中央文献出版社，2020年，第55页。

② 中共中央党史和文献研究院编：《习近平关于统筹疫情防控和经济社会发展重要论述选编》，中央文献出版社，2020年，第55页。

全力保障各地各级学校"停课不停教、不停学"。各地各高校也纷纷落实属地管理责任,加强组织领导,强化责任担当,制定周密方案,组织各方力量扎实开展疫情防控工作。

在以习近平同志为核心的党中央的坚强领导下,中国人民以举世瞩目的智慧和能力强化了突发事件管控效能,全面提高依法防控能力,构建现代化应急管理制度,为防疫贡献中国智慧、中国经验。这一经历启示高校党组织要主动谋划、积极思考,化被动为"主动",化危机为"契机",化压力为"动力",化挑战为"应战",可通过生动讲述抗击疫情的伟大实践,深入开展思想政治教育,厚植广大青年才俊的爱国之情。

高校党组织要通过疫情防控的突出成效,讲清楚、讲明白、讲透彻坚持中国共产党的领导才是疫情防控的重要政治保障,突出我国在疫情防控期间集中力量办大事所体现出来的制度优势,增强党员、群众的民族自豪感,实现爱国和爱党、爱社会主义的统一;要帮助青年党员从历史维度和现实境遇、国际挑战和国内比较的视角,坚定对马克思主义的信仰和社会主义信念,深刻理解马克思主义中国化的创新性成就,积极参与到实现中华民族伟大复兴中国梦的生动实践中;要运用战"疫"中党员发挥先锋模范作用的鲜活教材,引导广大师生党员、在校大学生透过新时代各界青年爱国奋斗的现实表现,挖掘民族精神的丰富内涵,激发新时代青年的爱国之情。

第三节 加快推进"双一流"建设

一、教育是国之大计、党之大计

教育水平的高低深刻影响着一个国家人才力量和科技力量的强弱,以及一个民族的文化发展、延续和更新。教育文化水平是一个国家和民族最深层次的竞争力量,重视教育是增强国际竞争力、建立文化自信的一项基础工作。

中国历史绵延不断,中国文化的传承和创新离不开教育,中华民族自古以来就有着优秀的教育传统。教育是改造人性、改变命运的有效途径。孔子提出

"有教无类"①"性相近，习相远"②的观点；墨子提出"非命""尚力"③的主张；荀子提出"化性起伪"④的论断，认为人"欲贱而贵，愚而智，贫而富"⑤，唯有学习和接受教育；先秦教育典籍《学记》记载"玉不琢，不成器；人不学，不知道"⑥。此后，经过汉代之董仲舒、唐代之韩愈、宋代之朱熹等后世思想家、教育家的宣传、倡导和实践，教育改变命运的价值广为流传，成为中国人崇尚教育的核心原因之一。教育自古担负着培养人才、维护国家、改造社会的重要作用。孔子明确将人口、经济与教育视为立国治国的三大要素；孟子鲜明地指出，"善政不如善教之得民也"⑦；《学记》强调，"建国君民，教学为先"⑧，"化民成俗，其必由学"⑨，这成为历代学者认识教育社会性的关键要素，成为历朝统治者教育兴国思想的首要驱动力，形成了中国古代优秀的教育传统。

中国共产党自成立以来，始终强调发挥好教育在社会主义改造实践中的重要作用。1921年7月，党的第一次全国代表大会决议明确指出，要通过劳工补习学校启发劳工觉悟。从1921年到1949年的新民主主义革命时期，中国共产党面向广大工农阶级开展教育，逐步形成了以服务新民主主义革命和武装斗争夺取政权为基本任务，以启发工农思想和培养工农革命能力为主要目标，以党的领导为根本遵循的新民主主义教育体系。

新中国成立以来，历代领导人纷纷立足所处时代背景，在中国特色高等教育发展的历程上作出了重要的贡献。1957年，毛泽东同志在《关于正确处理人民内部矛盾的问题》一文中指出："我们的教育方针，应该使受教育者在德育、智育、体育几方面都得到发展，成为有社会主义觉悟的有文化的劳动者。"⑩1958年，毛泽东同志在天津大学考察时再次指示："高等学校应抓住三

---

① 罗安宪主编：《论语》，人民出版社，2017年，第117页。
② 罗安宪主编：《论语》，人民出版社，2017年，第125页。
③ 魏义霞著：《墨子与中国哲学》，人民出版社，2019年，第157页。
④ 《中国哲学史》编写组编：《中国哲学史（上册）》，人民出版社、高等教育出版社，2012年，第164页。
⑤ 中国哲学编辑部编：《中国哲学（第十三辑）》，人民出版社，1985年，第141页。
⑥ 刘林宗编著：《政鉴》，人民出版社，2008年，第31页。
⑦ 刘林宗编著：《政鉴》，人民出版社，2008年，第31页。
⑧ 刘林宗编著：《政鉴》，人民出版社，2008年，第31页。
⑨ 王宇信、杨生民、岳斌主编：《新编中国春秋战国史（下册）》，人民出版社，1995年，第71页。
⑩ 《毛泽东同志论教育工作》，人民教育出版社，1958年，第44页。

个东西：一是党委领导；二是群众路线；三是把教育和生产劳动结合起来。"①

1983 年，邓小平同志提出："教育要面向现代化，面向世界，面向未来。"② 这不仅是我国教育深化改革和健康发展的指导思想，也是邓小平教育理论最为核心的组成部分。邓小平同志坚持科教结合，在改革开放新时期，明确要大力发展教育，增加教育投入占比，着重教育机制变革，加强教育法制建设，强调教育事业必须从与国民经济要求相适应的角度出发，把培育"四有"新人作为我国教育工作的长期培养目标。

1995 年，江泽民同志立足综合国力竞争日趋激烈的时代背景与我国国情，首次提出"科教兴国"③ 战略，将教育的基础地位提高到国家战略高度，明确了教育是促进社会主义现代化建设的关键要素，强调"教育是基础，关系民族振兴、经济发展和社会全面进步"④。江泽民同志提出教育要公平，注重全民素质教育，提倡终身学习、创新教育，他认为："创新是一个民族进步的灵魂，是一个国家兴旺发达的不竭动力。创新的关键在人才，人才的成长靠教育。"⑤

2007 年，胡锦涛同志在全国优秀教师代表座谈会上强调，"全面实施科教兴国战略和人才强国战略，继续坚持好、落实好把教育摆在优先发展的战略地位的方针"⑥。他强调"坚持育人为本、德育优先"⑦，"实施素质教育"⑧，"教育要为社会主义现代化服务、为人民服务"⑨，要深化教育体制改革，加强教师队伍建设，以教育信息化带动教育现代化，加快教育信息基础设施建设。"国以才立，政以才治，业以才兴。"⑩ 他高度重视党性教育，指出人才的价值在于为党、为国、为人民服务；不断推进完善我国党校教育系统，为国家建设提供最坚实的政治保证。

2012 年，党的十八大报告提出："努力办好人民满意的教育。教育是民族振兴和社会进步的基石。要坚持教育优先发展，全面贯彻党的教育方针，坚持教育为社会主义现代化建设服务、为人民服务，把立德树人作为教育的根本任

---

① 《毛泽东同志论教育工作》，人民教育出版社，1958 年，第 67 页。
② 邓小平著：《邓小平文选（第三卷）》，人民出版社，1993 年，第 35 页。
③ 江泽民著：《江泽民文选（第一卷）》，人民出版社，2006 年，第 425 页。
④ 江泽民著：《江泽民文选（第一卷）》，人民出版社，2006 年，第 463 页。
⑤ 江泽民著：《江泽民文选（第二卷）》，人民出版社，2006 年，第 237 页。
⑥ 胡锦涛著：《在全国优秀教师代表座谈会上的讲话》，人民出版社，2007 年，第 2~3 页。
⑦ 胡锦涛著：《胡锦涛文选（第二卷）》，人民出版社，2016 年，第 642 页。
⑧ 胡锦涛著：《在全国优秀教师代表座谈会上的讲话》，人民出版社，2007 年，第 3 页。
⑨ 胡锦涛著：《胡锦涛文选（第二卷）》，人民出版社，2016 年，第 642 页。
⑩ 胡锦涛著：《胡锦涛文选（第二卷）》，人民出版社，2016 年，第 123 页。

务,培养德智体美全面发展的社会主义建设者和接班人。"① 党的十八大以来,立足于世情国情党情,站在历史和时代的战略高度,习近平总书记高度重视我国教育发展,对高等教育工作作出了很多重要论述,并逐步凝结形成了习近平高等教育思想。习近平高等教育思想系统阐述了"培养什么人、怎么培养人、为谁培养人"等关键问题,展现了以坚持立德树人、坚持中国特色、坚持内涵发展、坚持党的领导"四个坚持"为主要内容的核心要义。

二、高等教育与高校党建

习近平总书记在第二十三次全国高等学校党的建设工作会议上指出:"加强党对高校的领导,加强和改进高校党的建设,是办好中国特色社会主义大学的根本保证。"② 党的十九大召开于我国全面建成小康社会关键节点、中华民族走向伟大复兴的重要时期,会上,习近平总书记以广阔的视野和深邃的洞察力,立足于新的历史起点,对新时代党的教育方针和高校党建工作提出了新的要求、引领了新的方向。

2019年,习近平总书记在学校思想政治理论课教师座谈会上强调:"新时代贯彻党的教育方针,要坚持马克思主义指导地位,贯彻新时代中国特色社会主义思想,坚持社会主义办学方向,落实立德树人的根本任务,坚持教育为人民服务、为中国共产党治国理政服务、为巩固和发展中国特色社会主义制度服务、为改革开放和社会主义现代化建设服务,扎根中国大地办教育,同生产劳动和社会实践相结合,加快推进教育现代化、建设教育强国、办好人民满意的教育,努力培养担当民族复兴大任的时代新人,培养德智体美劳全面发展的社会主义建设者和接班人。"③ 习近平总书记从主导思想、办学方向、根本宗旨、人才培养途径、教育工作目标、教育培养指向六方面作出全面指导,对于我国教育工作的系统化发展有着跨时代意义。

扎根中国大地办教育。高等教育肩负着立德树人的根本任务,高校党委领导班子必须加强党对高校的集中统一领导,主动在思想、行动上向以习近平同志为核心的党中央靠拢,始终以习近平新时代中国特色社会主义思想武装头

---

① 胡锦涛著:《坚定不移沿着中国特色社会主义道路前进 为全面建成小康社会而奋斗——在中国共产党第十八次全国代表大会上的报告》,人民出版社,2012年,第35页。
② 冯刚主编:《新时代高校辅导员培训教程》,人民出版社,2022年,第248页。
③ 习近平著:《思政课是落实立德树人根本任务的关键课程》,人民出版社,2020年,第9~10页。

脑、引领行动，健全完善党委理论学习中心组学习等制度；坚持和完善党委领导下的校长负责制，牢牢把握党对学校的领导权；坚持把党的建设贯彻办学治校全过程，全面落实新时代党的建设总要求，把政治建设摆在突出位置，统筹推进思想建设、组织建设、作风建设、纪律建设，把制度建设贯穿其中；认真学习贯彻落实习近平总书记重要讲话精神和上级党组织的决策部署，坚持发挥党的建设对学校工作各环节的牵引、保障作用，确保党的路线、方针、政策在学校广大师生职工中得到切实的贯彻执行。

传承民族精神血脉品格。高等教育肩负着培养中国特色社会主义建设者和接班人的历史使命，高校党委必须提高政治站位，巩固好马克思主义在学校意识形态工作中的指导地位，确保中国特色社会主义大学鲜明的政治方向、服务面向、育人导向。要准确把握党建工作与业务工作的关系，把坚持将"四个服务"的要求贯穿于学校改革发展稳定全过程，确保高校党建工作方向和推进高等教育内涵式发展、"双一流"建设同向同行；要把思想政治工作体系贯通科研体系、课程体系、教材体系、治理体系等育人体系，建成全员、全过程、全方位育人格局，切实增强思想政治工作亲和力和针对性，有效宣传引领师生践行社会主义核心价值观。

强化思想政治引领。高等教育肩负着培养能够实现中华民族伟大复兴伟业的人才的历史重任，高校党委要着重激发基层党组织的战斗堡垒作用和师生党员的模范带头作用。落实师生党支部标准化建设，创新基层党组织设置形式，根据实际探索，通过将党支部建在科研团队、学生社团、校地社区等多方式，增强基层党组织党建工作的针对性。作为高校党建的基础工程，只有夯实高校基层党组织和打造好党员队伍，才能充分发挥党组织在高等教育事业发展中的政治功能、组织功能、教育功能和服务功能。而政治功能是高校基层党组织的首要功能，意义重大。突出政治功能，就是要确保社会主义大学办学的正确价值导向，强化党对高校的领导地位，突出政治引领。高校基层党组织的核心是组织功能，提升组织功能，就是要落实立德树人根本任务，深化高校综合改革，推动高等教育发展。教育功能是高校基层党组织的基础功能，深化教育功能，就是要聚焦高校思想政治工作，坚持学生思政工作与教师思政工作"两手抓"，加快构建"三全育人"格局。服务功能是高校基层党组织的根本功能，落实服务功能，就是要服务党的教育事业，为高等教育改革发展服务，为关乎高等教育的民生服务，践行宗旨意识。因此加强高校党建工作必须强化整体功能，构成整体系统，全方位、全过程提升高校基层党组织的组织力。

三、"双一流"建设与组织建设

习近平总书记在党的十九大报告中指出，要"加快一流大学和一流学科建设，实现高等教育内涵式发展"[①]。为增强高等教育综合实力和国际竞争力，党中央、国务院提出"建设世界一流大学和一流学科"的重大战略决策，并在《统筹推进世界一流大学和一流学科建设总体方案》中强调，高校要全面加强党的领导和党的建设，统筹学校整体建设和学科建设，加强组织保障，营造良好建设环境。由此可见，加强高校党的建设，是"双一流"建设中扎根中国大地办教育的应有内涵和重要组成。作为提升我国高等教育质量的重要举措，"双一流"建设有着高起点、高标准的特征，这也就要求高校党建要有更高的政治站位、更高的建设标准、更强的治理能力。高校基层党组织作为党在高等教育组织中的政治核心和战斗堡垒，必须充分发挥组织优势和思想政治引领作用，夯实基层党建工作，推动一流学科建设。

在这样的背景下，如何准确把握新时代党的建设新要求，依托基层党组织助推一流学科、一流学校建设成为高校党建工作需要思考和回答的时代命题。为此，中央出台了许多方针政策和指导意见，对加强和改进高校党的建设提出了许多具体的要求。部分"双一流"高校积极响应，主动构建并实施上下联动、协调一体的模式，例如，清华大学通过发挥基层党组织中党员先锋模范作用，发展了一批优秀的教师党员，部分入选国家级人才工程，带动基层团队申报科研项目、产生学术成果，逐渐形成了学校、院系、党支部三级联动的党建工作方式，一定程度上推动了学科建设步伐。"双一流"建设举措通过各基层党组织得以保障实施，基层党组织组织力在"双一流"建设中得到不断提升，焕发出新的活力，初步形成了"双一流"建设与党的建设协同并进的新局面。

然而，"双一流"建设战略背景下的高校党建在具体落地过程中，逐渐暴露出一些问题，在高校基层党建层面表现得尤为明显，如重学科建设、轻党的建设，重服务管理，轻思想引领等。为促进"双一流"建设与党的建设统筹发展，高校要推动马克思主义理论学科与一流学科建设的深度融合，实现思政育人和高等教育内涵式发展的有机互动，在"锚定"发展"航向"的基础上，依托基层党组织，立足"人才培养、科学研究、社会服务、文化传承与创新、国

---

① 习近平著：《决胜全面建成小康社会　夺取新时代中国特色社会主义伟大胜利——在中国共产党第十九次全国代表大会上的报告》，人民出版社，2017年，第46页。

际交流合作"五大基本职能,更新发展理念,强化科学研究,深化教学改革,提高人才培养质量,服务区域发展,扎实助力"双一流"建设。

(一)一流师资与人才培养

一流大学和一流学科建设离不开一流教师队伍,一流人才培养也离不开一流教师队伍。教师队伍作为高校发展的"发动机",吸纳着各领域高层次人才,在人才培养、学科建设、科学研究、社会服务等高校职能中发挥着核心作用。加强对高层次人才及教师队伍的政治引领,坚持党管人才的重要原则,是"双一流"建设背景下人才工作的重中之重,对于实现立德树人根本任务、建成中国特色社会主义大学具有重大现实意义。加强高层次人才及教师队伍党建工作,培养一支又红又专的高端人才队伍,也是优化党员队伍结构、加强基层党组织建设的有效措施。2018年教育部专门印发文件,明确要求在高校推动落实党支部书记成为"双带头人",即党建工作带头人和科研学术工作带头人,文件制度的出台鲜明指出高校党建和业务工作的关系,指明了打造高素质的人才党员的路径,为"双一流"建设背景下高校基层党组织建设提供了方向和动力。高校基层党组织要立足于教师党支部,着眼于科研学术团队,重视培养和发展高层次人才党员,坚持党员队伍与学术骨干的双向培养,着力营造培养一流人才的政治环境和学术氛围。

人才培养是高等教育五大职能中的核心职能。2018年9月,习近平总书记在全国教育大会上指出:"我国是中国共产党领导的社会主义国家,这就决定了我们的教育必须把培养社会主义建设者和接班人作为根本任务,培养一代又一代拥护中国共产党领导和我国社会主义制度、立志为中国特色社会主义奋斗终身的有用人才。"[1] 这为我们培养什么样的人、怎样培养人指明了方向目标,提供了根本遵循。推动"双一流"建设,必须以高校党建来引领大学内涵式发展,紧紧围绕"育人为本、德育为先"的理念,突出人才培养的核心地位,才能更好地提高立德树人实效,提升人才培养质量,推动高等教育治理体系和治理能力现代化;推动"双一流"建设,必须加强党建引领力来激发高校基层党组织组织力的提升,建立健全"五育并举"教育机制,打通"三全育人""最后一公里",加强持续改进的质量保障体系建设,发挥学生党员及党支部先锋模范和战斗堡垒作用,用好用活学生社团、学生会等团学组织,不断培养出满足国家发展需要、引领时代进步的一流人才。

---

[1] 习近平著:《论党的青年工作》,中央文献出版社,2022年,第170页。

（二）科学研究与成果转化

在"双一流"建设中，科学研究扮演着极为重要的角色。作为重要的学术机构，高校的学术发展不仅贯穿于学校自身发展和教师职业生涯发展的全过程，也在大力推动着国家科学技术进步与经济社会繁荣发展，深刻地影响着国际社会和国际形势。为保证高校的社会主义办学方向，高校科研工作必须与党的教育方针保持一致，必须与国家战略发展保持一致。教师作为科学研究的主体，特别是青年教师，是高校科学研究、技术突破的主力军。只有促进高校党建和科研工作的深度融合、互为抓手和依托，提升建设的针对性，形成激励保障机制，把政策、方针、措施下沉到党支部，将教师党支部组织力提升与教师发展客观规律相结合、服务教师专业发展与锤炼教师党性修养相结合、教师科学研究和社会服务相结合，强化师德师风建设，弘扬科学家精神，增强党性观念和组织意识，将提高学术产出与服务社会发展有机统一到自身价值的实现中，才能有效激发教师队伍的学术创新活力。

"双一流"实施办法提出，高校要"突出学科交叉融合和协同创新，突出与产业发展、社会需求、科技前沿紧密衔接，深化产教融合"[①]。"双一流"建设高校不仅承载了引领和带动我国高等教育发展的作用，更肩负着在未来的建设过程中引领并超越社会需求的重任。中国共产党"为人民服务"的根本宗旨和"双一流"建设提升教育服务经济社会发展能力的基本方向，均要求高校基层党组织提高政治站位，围绕国家发展战略、重大理论和热点问题，结合自身学科优势为国家安全、产业调整、民族企业崛起提供智力支持，努力推动科技成果转化，主动对接经济社会发展需要，服务一方百姓安居乐业，产出引领性、原创性科技成果，输出建设性、稳定性社会影响，促进地方、国家经济均衡发展。

（三）文化传承与国际交流

大学文化是"双一流"建设的核心意蕴。目前，世界各国都着力提升"文化软实力"，文化品牌、文化实力、文化繁荣已成为世界一流大学建成的关键因素。习近平总书记强调："世界上不会有第二个哈佛、牛津、斯坦福、麻省

---

① 教育部、财政部、国家发展改革委：《关于印发〈统筹推进世界一流大学和一流学科建设实施办法（暂行）〉的通知》，http://www.moe.gov.cn/srcsite/A22/moe_843/201701/t20170125_295701.html。

理工、剑桥，但会有第一个北大、清华、浙大、复旦、南大等中国著名学府……要扎根中国大地办大学。"① 这要求高等教育发展必须坚持文化自信。在建成"双一流"大学的伟大征途中，我国高校要立足自身优势，全方位追求卓越，在文化建设中体现中国特色，自觉肩负起滋养文化自信的伟大使命，使之内化于大学的内涵与品行，外显于大学的教学与实践，引领优秀传统文化焕发新的生机与活力。高校基层党组织要充分发挥其思想引领和服务育人功能，承担起统一思想、凝聚智慧、培育文化自信的政治责任，让社会主义荣辱观和社会主义核心价值观润物无声地根植在师生心中，提升校园文化软实力，为加强高校党建、创建一流学科、建设一流师资队伍、培养一流人才奠定坚实的思想、文化基础，在文化引领一流学科创建过程中作出示范。

《统筹推进世界一流大学和一流学科建设总体方案》明确表示高等教育国际化是我国高校加强对外开放、建设高水平大学的必然趋势，也是提升国际竞争力的重要策略。"双一流"建设方案的提出，给国际交流合作工作提出了新的要求，也使得在服务人才培养与打造科研高地的过程中，有了更明确的目的性和指向性。为了构建充满活力、富有效率、更加开放的国际交流体制机制，要加强校际合作，不断创新合作模式，推进更深、更广层面的国际化；充分认识到学科建设的重要性和紧迫性，并将一流学科的建设始终置于国际化的视野之中；注重国际化政策"生根"，力求国际化的效益，坚持内涵式发展的道路。同时，在中外高校深化务实合作的过程中，世界各国文化交流频繁，意识形态领域面临着严峻挑战，高校基层党组织要增强政治引领，建成坚固的制度保障，充分彰显党的政治核心作用和党员的先锋模范作用，坚定教师和学生的政治意志和理想信念，培养政治素质过硬、全球视野开阔、社会责任担当、弘扬科学精神的一流人才，共同发现与创造出更多足以引领未来发展、造福全人类世界的学术成果，共筑共享人文深入交流、文明多样互促的桥梁纽带。

加快"双一流"建设，既是推进我国高等教育事业繁荣发展的重要举措，也为实现中华民族伟大复兴的中国梦提供人才保障。我们必须坚持加强党对高校的全面领导，巩固党在高校中的核心地位，强化党组织的创新力、战斗力和凝聚力，让党组织成为建成世界一流大学的中流砥柱和先锋力量，围绕立德树人根本任务，建设一流师资，培养一流人才，推进一流科研，产出一流成果，形成一流大学文化，为中国高等教育跻身世界一流作出应有贡献。

---

① 习近平著：《青年要自觉践行社会主义核心价值观——在北京大学师生座谈会上的讲话》，人民出版社，2014年，第13页。

第七章 提升高校基层党组织自我革新力，抓好基层党建"最后一公里"

第一节 全面提高党员队伍素质

根据中共中央组织部党内统计数据，中国共产党党员人数在2021年12月31日已经达到9671.2万名[①]。习近平总书记指出："中国共产党是世界上最大的政党。大就要有大的样子。"[②] 百年大党，所谓的"大"，不单单是指人数大、规模大、组织体系大，其更深沉的本质则体现在中国共产党的政治品行、组织建设、领导智慧、精神内涵等层面，同时也蕴含中国共产党能持续保持和发展其先进性和纯洁性的根本原因。而作为党组织构成的基本要素，共产党员是党的先进性的体现者和承载者，同时党的先进性也要通过发挥党员先锋模范作用来实现。中国共产党始终致力于为人民谋幸福、为民族谋复兴，这就要求广大党员同志不忘初心、牢记使命，自觉重任在肩，主动投身到这场恢宏实践中。

强化党员教育管理，是贯彻落实新时代党的建设总要求和新时代党的组织路线的基本遵循。2019年5月，中共中央发布了《中国共产党党员教育管理工作条例》，指出"党员教育管理是党的建设基础性经常性工作"[③]，"各级党

---

① 中共中央组织部：《中国共产党党内统计公报》，https://www.12371.cn/2022/06/29/ARTI1656486783270447.shtml。

② 中共中央党史和文献研究院、中央"不忘初心、牢记使命"主题教育领导小组办公室编：《习近平关于"不忘初心、牢记使命"论述摘编》，党建读物出版社、中央文献出版社，2019年，第238页。

③ 《中国共产党党员教育管理工作条例》，人民出版社，2019年，第1页。

委各党组要把抓好党员教育管理作为重大政治责任"[①]。提高党员队伍质量，对于保障党组织长续稳定发展，推进全面从严治党纵向深入，全力巩固党的执政基础，着力践行党的伟大执政理想有着重大的意蕴。

一、多渠道畅通党员教育

高校师生党员具有高素质、高活力的特点，是中国共产党中最富生机的骨干力量。高校既聚集了各行各业的精英人才，又作为培养高层次人才的摇篮，同时还肩负着"为党育人、为国育才"的初心使命，因此必须正视党员发展、教育、管理、监督过程中的各项问题。当今高校中，有些基层党组织负责人"重业务、轻党建"，主责主业意识不够，对党员教育管理"宽松软"；有些党员自我要求不高，党员意识淡薄，责任感、使命感不强，把自己等同于一般群众，甚至游离于组织之外，宗旨意识、大局意识、服务意识和群众观念较差；有些党员干部担当意识和实干精神不足，讲权利多、履义务少，党员形象不突出，未能很好地发挥党员的示范、引领、辐射、带动作用。在当今互联网盛行的时代，时有发生个别党员的问题行为而给党组织在群众面前带来负面影响的现象。加强对高校师生党员的教育管理，建设高素质党员干部队伍，是新时代加强党的建设的迫切需要，是坚持党对教育事业全面领导的重要体现，是推动党的建设与时俱进、开拓创新的根本保障。只有坚持从人才培养规划的角度出发进行全程指导，科学建立党员质量提升长效机制，才能持续为党组织注入新鲜血液，保持党组织的生机活力。

（一）科学规划党员教育内容

新时代，党的建设面临着新任务和新要求，迫切需要德才兼备的时代新人参与其中，而党员的教育工作也面临着更加复杂的意识形态环境与更加多元的信息获取渠道，唯有突破传统式的单一理论讲授，提高教育内容的多样性与生动性，将共产党人价值观与时代价值相统一，使其主动适应新时代的发展要求，既突出理论基础和党性修养，又注重世界眼光和战略思维，既突出政治自觉，又注重业务过硬，才能切实提高党员队伍的综合素质，造就一批符合新时代需求的拔尖创新型人才。

夯实理论基础是加强党员教育、提升队伍素质的根本所在。坚持以掌握理

[①] 《中国共产党党员教育管理工作条例》，人民出版社，2019年，第2页。

论创新最新成果为重点，增强党员政治定力，提高党员政治站位，引导党员强化对党的基本理论、路线和方针的领悟，深入理解马克思主义，鼓励党员学原著、读原文、悟原理，着重研习习近平新时代中国特色社会主义思想，坚持用新思想武装头脑、引领实践、指导工作。

陶冶党性修养是深化党员教育、提升队伍素质的关键措施。坚持以坚定理想信念、增强宗旨意识和持续改进作风为重点，教育党员筑牢廉洁自律的从政底线，突出学习宪法法律和党内法规，学习中华优秀传统文化、革命文化、社会主义先进文化，引导党员不忘初心、牢记使命，坚持合格党员标准，自觉践行社会主义核心价值观，注重理论联系实际，贯彻党的群众路线，提高群众工作本领，密切联系服务群众。

拓展世界眼光是加强党员教育、提升队伍素质的时代要求。坚持以把握时代特征和国际经济政治形势为重点，教育党员把思想和行动统一到党中央要求上来，突出开展国际理解与形势政策教育，宣讲党的路线方针政策，解读世情国情党情，引导党员正确认识世界和中国发展大势、正确认识中国特色和国际形势，深刻理解构建人类命运共同体思想的重要内涵。

培养战略思维是加强党员教育、提升队伍素质的长远目标。坚持以强化全局观念和提高驾驭复杂局面本领为重点，教育党员大力弘扬党的优良传统，突出学习国家战略部署，鼓励党员深入学习领悟党的历史、新中国史、改革开放史、社会主义发展史，引导党员注重坚持大局观念、坚持辩证思维、坚持前瞻意识、坚持问题导向，着力增强党员专业知识和领导能力，提高其在工作中的创新性、全面性、前瞻性、原则性。

（二）着力拓展丰富党员教育载体

高校党组织要切实搞好培训形式的多样化，切实创新教学方法，全面推动教学研究，实现理论学习、案例讲解、模拟实验、亲身实践等教学方法的有机结合，从形式上把线上学习与线下学习、讲授式教学与互动式教学结合起来，在内容上注重党务工作与教学科研工作的融合互促，鼓励党员采取社会调查、翻转党课等方式参与理论实践研究，以提高其吸引力感染力。

健全以党校为主体，多部门参与的传统教育体系。高校作为教育系统中的顶层设计，在开展校内集中教学培训方面有着天然优势和丰富资源。高校党组织应注重发扬党校的教育功能，摒弃传统的集中授课模式，注重党校精品课程建设工程，突出案例教学，生动诠释党的先进理论，突出互动教学，加入问题征集、互动讨论、问卷调查等环节，发挥党员主动思考能力；加强师资队伍能力建设，密切师生党员交流互动遴选优秀教师，建设一支相对稳定、专兼结合的精品党课团队，确保教学人员政治可靠、经验丰富、语言流畅、善于互动。高校党组织应建立健全多元参与党员教育培训体系，加强党委部门、学生组织等横向联动，推进院系级基层党校的纵向沟通，充分发挥各级党组织的政治引领功能，配合党校形成全员全过程全方位的教育新范式。加强新理论、新知识、新方法等方面的党务培训，结合培训对象的不同特点，设置个性化的特色课程，探索"微课堂""翻转课堂"教学新模式，推行模块化组合、动态化管理、项目化研究。

围绕实践调研大力构建体验式党员教育路径。高校中各级党务部门要结合专业特点，注重加强党员的红色精神培育，可引导其在游历红色景点的过程中，切身体会改革开放的伟大成就与中华民族伟大复兴征途的坎坷，在纷繁复杂环境中锤炼品性，明辨是非，重铸信仰，增强自制力和信念感，在砥砺前行中感悟心系人民、不忘初心的重要性，进而自觉承担起举旗接班的历史责任，自愿树立起至诚报国的崇高理想。高校党组织要高度重视并积极组织广大师生党员参加"青年红色筑梦之旅"活动，引导其深入学习习近平总书记的重要讲话，以及习近平总书记给参加"青年红色筑梦之旅"活动大学生的回信精神，扎根服务乡村振兴、聚焦精准帮扶，培育新青年传承红色文化精神，并将其融入新时代创新创业之中。注重加强党员的劳动教育实践，大力弘扬劳模精神、劳动精神、工匠精神，在身体力行与躬耕亲为中感受美好生活的来之不易，树德、增智、强体、育美，锻炼意志、磨炼品行、锤炼党性，培养吃苦耐劳精神、坚韧奋斗精神，推进中华民族传统美德与马克思主义劳动观教育思想走心走深走实。

加强党员教育平台的信息化建设。高校作为新青年的聚集地、教学地，要主动顺应时代潮流，用好用活互联网、新媒体、新技术，发挥互联网的即时性、多元性、开放性、互动性优势，进一步对微信公众号等新媒体做出功能界定与拓展，将基本理论、政策文件、业务知识、时政要闻等培训内容纳入统一范畴，建立健全入党教育在线学习平台、领导干部在线培训系统，按照分级分类原则，推动学习资源大数据平台的建成，通过互联网信息科技切实提高党员教学培训的现代化水平。此外，运用信息化手段扩大由党委书记、校长、党委副书记、纪委书记等校领导主讲党课的受众范围，有效发挥高校党员领导干部率先垂范作用，也可以通过录制微党课视频，建立优质党课资源库等，实现线上线下混合式教学的互补互融互进。

二、全过程强化党员管理

2013年,习近平总书记在全国组织工作会议中提出:"党要管党、从严治党必须落实到党员队伍的管理中去。"① 制定系统全面的党员管理体系是实现全面从严治党、加强党的建设的关键环节。面对改革开放以来的新局势、党员队伍的新发展和目前党员管理中存在的新困境,要建立和完善党员思想建设常态化机制,进一步强化党员意识,不断提高广大党员的综合素质;建立和完善党员常态化管理制度与服务职能,充分展现党员的先锋带头作用;建立和完善党员进出标准,严把党员"入口",畅通党员"出口",加强警戒教育,净化党内政治生态。

(一)夯基础,加强党员思想管理

作为全面从严治党的一项基础性和战略性工程,思想建党常态化的核心目标是保持党的先进性和纯洁性,首要任务是坚定党员理想信念,要通过组织生活常态化开展、组织系统和科学机制纵深发展,使党的思想建设达到一种本应具有的稳定状态和高度,并在各个领域拓展其实际效益,在多空间、多维度成为一种常态性的存在。

推进党员思想管理,首先要加强理论武装头脑。为促进党员不断优化理论知识体系,始终保持马克思主义理论强大吸引力,可通过协同以下三个方面来稳步深入:第一,通过深入学习马克思主义经典作家的基本原理和主要观点,不断强化理论自信。第二,用发展的眼光和开放的格局助力马克思主义中国化时代化的理论创新,以理论彻底性、思想创新性、社会实践性、话语有力性不断推进其达到新的理论高度,不断强化中国化马克思主义的理论自信,保证改革开放背景下世界范畴内的马克思主义理论自信。第三,以文化自信增进马克思主义理论整体自信,着力发展中华优秀传统文化,实现优秀传统文化的创造性转化和创新性发展,建设带有中国特色、中国风格和中国格局的文化传承体系;大力发展中国特色社会主义文化,建成全面系统、科学严谨的理论防御机制,冲破历史虚无主义的层层迷雾,深入解析西方文化思潮内核,为思想建党常态化提供一个自觉、自信、和谐的文化环境。

推进党员思想管理,其次要强化责任担当意识。党员自身要牢固政治意

---

① 《中国共产党发展党员工作细则》,人民出版社,2014年,第21页。

识、大局意识、核心意识、看齐意识，充分发挥党员先锋模范作用，始终践行党员初心使命，自觉拥护"两个确立"，始终做到"两个维护"，在大是大非面前政治立场坚定不动摇。要增强党员服务意识、宗旨意识、奉献意识、联系群众意识，为加强马克思主义群众观教育，可按照"拓展党员联系群众的途径，丰富党员服务群众的内容，畅通群众表达意愿的渠道"①的目标，建立健全党员志愿服务机制，鼓励党员自觉服务人民、服务社会，不断提升党员服务群众的水平。要激励党员干部深入基层、立根群众，聆听师生需求、反映师生诉求，化解师生急难愁盼的真困境，办实事、办好事，建立健全师生意见表达反馈的常态化机制。要提升教师党员课程育人、研学育人、文化育人、理念育人的效用，遵循教学科研和管理服务的工作实际，全心全意引领学生成长成才。要鼓励学生党员积极投身社会实践、参与公益事业，树立好"身边的榜样"，在朋辈引领中发挥好学生骨干的积极作用。

推进党员思想管理，最后要强化党员的角色认同。基层党支部是开展党员教育管理的直接组织，要注重严肃党员发展培养、严格党内政治生活、严惩党员腐败违纪，坚定组织的先进性，时刻牢记自己有别于普通群众的光荣与使命，要经常性地温习入党誓词，不断提升党员的"仪式感"；基层党组织要加强优秀党员、英模人物的宣传教育，提升全体党员的角色认同感，提升党员干部的公信力，自觉塑造、维护、提升党员形象，强化党员的示范性作用。

（二）重保障，突出党员制度化管理

党员的制度化管理是锻造更加坚强有力的党组织的重要保障机制。高校党组织要坚持在党委统一领导下，教学单位、职能部门各司其职、紧密配合，努力形成一级抓一级、层层抓落实的工作格局；要坚持把加强党员教育管理贯穿于高校改革发展的各环节，建立健全责任体系与保障制度；要注重转变管理理念，丰富管理手段，完善管理程序，使机械化、单调化的管理转变为科学化、多样化的管理，增强党员对党组织的忠诚度和亲近感。

坚持发展党员的基本原则，始终把坚定正确的政治信仰作为入党的第一标准，严防精致的利己主义者。要建立入党积极分子成长档案，多环节多渠道了解思想、定期督察，要注重师德标准、政治立场、群众意见的结果，杜绝把教学业绩、学习成绩作为发展党员的唯一指标。遵照党章规定，构建规范化、模块化、可视化的党员发展进阶模型，把入党积极分子、发展对象的党性表现分

---

① 中共中央办公厅：《保持共产党员先进性长效机制文件》，人民出版社，2006年，第11页。

成政治素养、纪律观念、思想品德、群众根基、专业水平、社会服务、刚正廉明等多个层面。严肃教育培养过程中的纪律意识，自觉接受群众监督与反馈，有背离人民群众的，必须坚决清理出党。高校党组织要进一步控制规模，优化结构，实现由数量建党向质量强党的转变。

严守党章规定要求，自觉把党章作为做人做事的根本遵循，模范履行党员义务。党员既要学好党章，更要用好党章，把党章各项规定落实到行动上、体现到各项事业中、落实到自己的日常所言所行中。强化忠诚意识，自觉做到在党言党、在党忧党，强化组织观念，时刻想到自己是党的人，是组织的一员。要严肃党内政治生活，坚决贯彻党内各项规章制度，坚决做到组织先行、多数先行、上级指导、中央领导。任何时候都要与党同心同德，该请示的必须请示，该报告的必须报告。充分运用网络平台，建立党员管理信息收集、加工处理、应用系统，推进党员管理信息网络化、研究成果共享式的实现。进一步完善新时代高校流动党员的管理办法，对海归党员、组织关系暂存学校的毕业生党员、外来务工党员等流动性较强的党员群体，明确"进出口"程序，建立健全教育管理工作流程。

健全完善党员退出机制，本着"退党自由"的原则，加强问题清理、党风整顿的管理力度。建立常态化的党员退出机制，注意健全组织程序，支部要勇担职责，遵章履责，避免矛盾上移，预防"不敢退""不让退""不能退"的虚置化问题，体现对党员个人意志的尊重，也是共产党自信的体现。对于某些入党动机不纯、党员意识不强、先锋模范作用发挥不够的"不合格"党员要严肃教育管理，若问题严重、不知悔改，且严重破坏了党的形象、腐蚀了党的肌体、削弱了党的凝聚力和战斗力的，应按党章要求进行"劝退"，及早清除出党，保持党的自我净化力与自我革新力。

三、进一步发挥监督激励作用

（一）完善民主保障机制，是坚持和贯彻民主集中制的重要条件

根据党员权利的规定，让党员的知情权、参与权、监督权、表决权、申诉权等权利的行使得到有效落实，加强党的政治纪律、组织纪律、群众纪律的宣传，坚决贯彻执行党内各项法规制度，健全党内情况通报与反馈机制、党员信息管理与数据化机制、重大决策征集意见机制，充分发挥师生党员的主动性、创新性和自觉性，极力营造全员参与、集中决策、反馈畅通的良好政治民主氛围，不断提升党组织工作的透明度和公信力。

（二）完善党内监督机制，是保障党的先进性纯洁性，提升党自我净化、自我完善、自我革新、自我提高的"四自能力"的核心要求

必须抓住"关键少数"，认真落实党建责任制，自觉接受纪检监察工作的双重监督，把自己放到党内监督的每个过程和各个细节之中。重视推进"两学一做"学习教育、"不忘初心、牢记使命"主题教育、党史学习教育和学习贯彻习近平新时代中国特色社会主义思想主题教育常态化、长效化，坚持用党的光荣历史和革命精神来滋养党性，始终用习近平新时代中国特色社会主义思想武装全党。发挥好民主生活会的"精神洗礼"作用，放下"包袱"、敞开胸怀，以正视问题的自觉和刀刃向内的勇气，用好批评和自我批评这个武器，本着对党的事业高度负责的态度，对党内错误思潮、观念、作风敢于指正，对自身的言行举止勇于自省，营造党内监督的浓厚氛围。

（三）完善群众监督机制，有效促进纪委部门履行监督执纪问责的职责落实

健全群众知情机制，搭建高校党政信息公开体系，定期邀请党内外师生员工等各层次代表参加校长、书记座谈会，拉近与广大群众的距离，拓展群众参与监督的途径。不断健全信访举报制度，强化党风廉政监督员、特邀监察员等队伍的建设，公布受理点、举报电话，设立举报箱，建立领导干部信访接待日等制度，对待群众反映的实际问题，及时组织立案调查处理，积极应对、不推不拖。强化群众监督保护机制，严格制定信访处理程序，保证群众的监督权益不受侵犯。深入推行民主评议制度，在党风廉政建设责任制的评议方面，扩大民主评议范围，增加评议内容，使评议真正取得实效，落实好在一定范畴内党员干部向群众汇报工作和思想的机制，让广大群众切实行使监督权。

（四）完善媒体监督机制，对改善党的领导、提高国家治理水平、保证公共权力正确使用、促进依法治国和遏制腐败等都具有十分重要的作用

高校要正确认识媒体的监督作用，大力支持媒体监督，自觉接受媒体监督，把媒体监督作为促进工作、检验工作的助推器，充分运用网络监督，建立官方宣传媒体平台，以此来积极报道学校改革发展中的新闻要闻，大力弘扬校

园正能量。要高度重视对网络舆情的关注和监控，明确专人定期收集处理，及时归纳汇总网络监督信息线索，经查实后迅速予以查处和回应，不断提高信息处理效率。面对校园事件报道做到客观独立、深刻长远，同时关注事前不良现象、事件过程后果、事后处理追踪，坚持不懈形成善始善终的媒体监督机制。

（五）完善考核激励制度，是进一步激发党员干部干事热情、推进中心工作蓬勃发展的有效手段

高校党组织要坚持"信念坚定、为民服务、勤政务实、敢于担当、清正廉洁"①的新时代好干部标准，不断健全党员干部考核监督制度，建立先进党员评价体系，完善教师师德评价预警机制与学术不端行为处理办法；把遵纪守法、诚信教育、学风考风纳入优秀学生党员的重要观测点；把师生党员的学习培训情况纳入党组织对党员考评的指标体系；把党内的评选表彰与其他方面的先进表彰等同起来。

第二节　严肃党的组织生活

习近平总书记在庆祝中国共产党成立95周年大会上提出："严肃党内政治生活是全面从严治党的基础。党要管党，首先要从党内政治生活管起；从严治党，首先要从党内政治生活严起。"②党的组织生活不仅是党内政治生活的核心内容，也主导着党员的常态化教育监督管理。回顾中国共产党的百年奋斗史，党的组织生活在党的建设的不同阶段都有着堡垒性和根基性的深刻意蕴。严肃党的组织生活，始终坚持问题导向，有助于坚定政治立场、提高政治站位，有助于锤炼党性修养、筑牢党性根基，有助于密切联系群众、针对性解决问题，俨然已成为党的重要政治优势。只有用好党的组织生活这一经常性手段，才能不断净化党内政治生态，着力推进全面从严治党向纵深发展。高校师生党员不仅基数大，而且将来更是建设国家、复兴民族的中流砥柱，因此必须把功夫下在平时、做在细处、扎牢根基，加强党的组织生活常态化与长效机制

---

① 中共中央文献研究室编：《习近平关于全面从严治党论述摘编》，中央文献出版社，2016年，第122页。
② 习近平著：《在庆祝中国共产党成立95周年大会上的讲话》，人民出版社，2016年，第23页。

的建设，系统有效地提升组织生活质量，结合新时代要求，大胆创新丰富组织生活内容、机制、载体，不断强化师生党员的政治意识、看齐意识、全局意识、核心意识，增强基层党组织的自我革新力。

一、党的组织生活制度形成

1847年，毕生致力于无产阶级革命事业的马克思和恩格斯，主张改组建立"共产主义者同盟"国际性工人组织，并受委托起草同盟纲领，也就是国际共产主义运动第一个纲领性文献《共产党宣言》。其中不仅包含了工作汇报、民主选举、党费标准等章程，还明确了组织生活的定义。1903年，列宁与马尔托夫在俄国社会民主工党第二次代表大会上，针对党章中的"何人可以成为党员"展开了激烈辩论。最终，列宁坚持把参加党的一个组织并开展组织生活作为党员必备的条件之一，这是无产阶级政党史上的一个创举，更展现了无产阶级政党不同于其他政党的制度优势，也是列宁在党组织生活理论方面的重大成果。

1921年，中国共产党正式成立，并在党纲以及后来的党章中都明确提出要积极开展党的组织生活，不断重申完善党的组织生活制度的迫切性和重要性，明确其开展内容要紧密围绕党的前进方向与政治目标。1922年发布的《关于共产党的组织章程决议案》中指出："我们既然是为无产群众奋斗的政党，我们便要'到群众中去'要组成一个大的'群众党'；我们既然要组成一个做革命运动的并且一个大的群众党，我们就不能忘了两个重大的律：（一）党的一切运动都必须深入到广大的群众里面去。（二）党的内部必须有适应于革命的组织与训练。"[①] 不难发现，中国共产党始终将党的组织生活、政治生活视为党的建设的重要基础，并强调利用严肃的党内组织生活，来铸就党员对党忠诚、严守纪律、保持气节的可贵品质。

1927年，毛泽东同志在"三湾改编"时创造性地提出"把支部建在连上"的观点，形成了独具特点的组织生活方式。在革命斗争时期，领导干部始终坚持以普通党员的名义参与所属党支部组织的活动，没有任何特殊之处，认真自觉地过党的组织生活。周恩来同志曾提出："在我们党内，每个人都是普通党

---

① 中共中央党史和文献研究院、中央档案馆编：《中国共产党重要文献汇编（第二卷）（一九二二年）》，人民出版社，2022年，第258页。

员，谁都要过组织生活，这是个党性问题。"① 越是严肃党的组织生活，就越能营造出积极健康的党内政治生态。1929 年，毛泽东同志在《关于纠正党内的错误思想》一文中指出，要"教育党员使党员的思想和党内生活都政治化，科学化"②。从历史的角度来看，突出党内生活的政治性属性，主要是为了纠正当时党内和红军内部存在的思想、路线错误和偏差，侧重于党内思想方针的转变。新中国成立后，党的组织生活内容与形式也在不断调整，与时俱进，涵盖了党的中心工作以及国家建设发展所面临的形势与任务。1950 年，基层党支部"三会一课"制度逐步明确，党的组织生活制度不断丰富和完善。

在社会主义建设与改革实践中，邓小平同志进一步推进党内政治生活的制度化规范化不断完善，强调共产党员要增强党性，讲政治、守纪律。1980 年，党的十一届五中全会在正确认识历史经验教训的前提下通过的《关于党内政治生活的若干准则》，系统界定了党内政治生活的范畴："每个党员不论职务高低，都必须编入党的一个组织，参加组织生活。各级党委或常委都应定期召开民主生活会，交流思想，开展批评和自我批评。"③ 1982 年，这一基本准则在党的十二大上被正式写进了党章。1983 年，党的十二届二中全会上讨论通过了《中共中央关于整党的决定》，作为改革开放以来的第一次全面整党，就特别强化了党的组织生活制度化建设，也为党内教育开展及党内问题处理积累了重要经验。

1997 年，江泽民同志在党的十五大报告中指出："在改革开放和发展社会主义市场经济的条件下，民主集中制不仅不能削弱，而且必须完善和发展。"④ 作为坚持和贯彻民主集中制的重要路径，党的组织生活规范化制度化，是适应中国革命、建设和改革伟大实践的迫切需要。随着组织生活制度的健全，其内涵也得到进一步丰富和发展，不仅在加强对党员的教育、管理和监督，深化理想信念，强化理论武装方面具有独特优势，也是提高党员综合素质与党性党纪，推动党员更好地发挥先锋模范作用的关键举措，更是保证党员队伍纯洁性，保持党的先进性和战斗力的重要手段，为党的各项事业提供了思想、组织和作风保障。

---

① 转引自张照明、顾春忠主编：《党性教育新论》，人民出版社，1993 年，第 41 页。
② 中共中央党校编：《马列著作毛泽东著作选读（党的学说部分）》，人民出版社，1978 年，第 255 页。
③ 《关于党内政治生活的若干准则》，人民出版社，1980 年，第 25 页。
④ 江泽民著：《高举邓小平理论伟大旗帜　把建设有中国特色社会主义事业全面推向二十一世纪——在中国共产党第十五次全国代表大会上的报告》，人民出版社，1997 年，第 52 页。

胡锦涛同志高度重视尊重党员主体地位，强调"要继续积极稳妥、扎实有效地推进党内民主建设，坚持民主集中制，坚持党员主体地位，完善党内民主制度"①。"讲政治、顾大局、守纪律"②，强调严守党的政治纪律，保持党的纪律性，坚持党管干部原则，加强党务公开保证党的纯洁性。通过加强党员思想武装，开展先进性教育活动，增强党员干部的党性修养，发展优秀党员，以实事求是的态度树立科学发展观，一切从实际出发，从人民的根本利益出发。

习近平总书记高度重视严格党内生活，增强组织生活的政治性、时代性、原则性、战斗性。党的十八大以来开展的党内教育，包括党的群众路线教育、"三严三实"专题教育、"两学一做"学习教育、"不忘初心、牢记使命"主题教育、党史学习教育等，出发点都是要过好组织生活。习近平总书记指出："党内政治生活和组织生活都要讲政治、讲原则、讲规矩，不能搞假大空，不能随意化、平淡化，更不能娱乐化、庸俗化。"③ 2016 年，以习近平同志为核心的党中央依托全面从严治党的现实要求，依据世情国情党情的新发展，对新时期如何实现党内政治生活的制度化、常态化作出重要战略部署，并在党的十八届六中全会上通过了《关于新形势下党内政治生活的若干准则》，明确"严格党的组织生活制度"具体定义，强调"必须坚持党的组织生活各项制度，创新方式方法，增强党的组织生活活力"④，表明党的组织生活面临新挑战，要求党进一步提高组织生活的科学化、规范化、机制化水平。严格党的组织生活，严肃党内政治生活是新时期实现党的伟大建设的关键构成要素，全体党员干部和党员必须认真参加组织生活，不断坚定理想信念、锤炼党性修养、永葆忠诚本色。

二、严格执行组织生活制度

严格执行党的组织生活制度，是落实全面从严治党的重要基础和载体，具有不可替代的重要功能。《中国共产党章程》第八条规定："每个党员，不论职务高低，都必须编入党的一个支部、小组或其他特定组织，参加党的组织生

---

① 本书编写组：《十七大党章学习读本》，人民出版社，2007 年，第 120 页。
② 本书编写组著：《在新的形势下保持党的纯洁性——胡锦涛同志在第十七届中央纪委第七次全会上重要讲话精神学习读本》，人民出版社，2012 年，第 182 页。
③ 习近平著：《在党的群众路线教育实践活动总结大会上的讲话》，人民出版社，2014 年，第 20 页。
④ 《关于新形势下党内政治生活的若干准则》，人民出版社，2016 年，第 33 页。

活，接受党内外群众的监督。"① 严格执行组织生活，才能贯彻落实党的路线方针政策及上级党组织决议，才能发挥党员的先锋带头作用，才能顺利推动党组织的工作进程、发挥战斗堡垒作用，才会有重要依托和载体来稳步推进全面从严治党。"支部是党的政治达到群众的枢纽，支部生活是无产阶级党的基础。"② 党员自觉参加党的组织生活，是马克思主义政党的基本原则。

严格执行党的组织生活制度，是解决组织生活曾经、目前存在的浅层或内核问题的切实需要。虽然从全局的角度，党的组织生活整体趋势向好，然而在各级党组织中也难免存在着不规范、不严肃、不经常的问题。有的党组织长期缺失组织生活，有的党的领导干部无法贯彻执行双重组织生活制度，有的党员长年脱节组织管理。此外，组织生活随意化、庸俗化、平淡化现象较为普遍，自我批评"党味"不浓、相互批评"辣味"不够、原因剖析政治性不强。有的用业务工作会议代替组织生活会，有的把党的组织生活等同于文体活动、群团活动，有的把组织生活会和民主生活会变成了表彰会。要想解决以上问题，归根结底，就必须从严格党的组织生活制度做起。

严格执行组织生活制度，是提高党的组织生活质量的根本保障。习近平总书记指出："标准决定质量，有什么样的标准就有什么样的质量，只有高标准才有高质量。"③ 党的组织生活质量高不高，严格制度标准是前提。只有在落实严格缜密的党的组织生活制度后，才能开展高质量、高效益的党组织生活。严格执行组织生活制度，不仅要注重制度本身的权威性与实效性，也要提高其严密性与科学性。通过加强组织生活的规范性、计划性、系统性、实效性，始终坚持务实管用、高质高效的原则，突出标准缜密、章程完善、程序可行、落实有效，逐步建立健全严谨规范的组织生活制度，让党组织活动的开展有章可循、有制可守。

严格执行组织生活制度，就要求对党的组织生活的本质内涵与客观规律有科学的认识，能够把握住关键环节及其基本要素。一是要摆正党员与党组织之间的关系。党员干部不论有多大的"官衔"或多高的地位，都是一名普通的共产党员，需要无条件地接受党组织的监督，遵守党的纪律要求，坚持以普通党员的身份自觉参加党的组织生活。二是要建立完善组织生活的各项制度。坚决严格执行好制度、好做法，比如"三会一课"、主题党日活动、双重组织生活、

---

① 《中国共产党章程》，人民出版社，2022年，第17页。
② 中央档案馆编：《中共中央文件选集（第4册）》，中共中央党校出版社，1989年，第642页。
③ 中共中央文献研究室、中央党的群众路线教育实践活动领导小组办公室编：《习近平关于党的群众路线教育实践活动论述摘编》，党建读物出版社、中央文献出版社，2014年，第86页。

民主评议党员、请示报告、警示教育等环节，做到在各级党组织中的党员全覆盖。三是不仅要本人自觉执行制度，也需要组织与群众的严格监督。要坚决落实好民主生活会制度，使用好批评和自我批评的武器，不断增强解决自身矛盾与问题的能力，严防"走过场"、形式主义；党支部要经常性地督促检查党员参加组织生活的情况，对于无故不参加组织生活的党员，要及时给予批评教育；上级党组织要加强全过程指导，客观公正地提出点评意见，认真组织好经验、好做法的总结与推广，助力各级党组织、党小组全面提高党的组织生活的质量。

坚持"三会一课"（即党员大会、党小组会、党支部委员会、党课）制度，不仅有助于常态化党组织生活、强化党员思想教育、提高党员党性，也有利于加强基层党组织的团结性和斗争性。新时代高校党组织要充分发挥制度作用，保证在"三会一课"过程中提高政治修养、夯实思想教育、锤炼党性党纪，与时俱进充实内容、继承传统创新形式、周密组织细化规定，坚决防止"三会一课"流于表面化、形式化、娱乐化、庸俗化。同时要利用好学校教育资源，坚持党员领导干部带头讲党课，形成各级党组织分层分类讲党课的生动局面。高校党组织要进一步规范党费收缴、使用和管理制度，做到公开透明，确保每位党员都能按规定自觉交纳党费。

坚持组织生活会和民主生活会制度，不仅有助于规范管理和监督党员干部，也有助于督促领导干部自省、自勉、自纠，更有助于增强领导班子的执行力、加强勤政作风建设。高质量开好组织生活会和民主生活会是一次非常重要的政治体检，各级党组织和任何党员都要按时召开和参加会议，不能搞特殊、搞例外。《关于新形势下党内政治生活的若干准则》指出："上级党组织领导班子成员定期、随机参加下级党组织领导班子民主生活会和组织生活会，发现问题及时纠正。"[①] 在会前要主动下沉一线，多渠道收集听取广大党员群众的意见，与支部党员、班子成员深入开展谈心谈话，在会上要秉持对党和人民负责的宗旨，认真查明问题、深入剖析根源、指明改进方向，紧扣主题扎实开展批评与自我批评，会后要认真梳理总结、逐一整改落实，并在一定范围公开，自觉接受广大党员群众监督。

坚持谈心谈话常态化，不仅有助于畅通党组织与党员、上级与下级之间的交流路径，也有助于党员群体间深入了解、奋发团结、融贯思想。谈心谈话要本着实事求是、促进团结的原则，既要出于公心，又要富于耐心，一时谈不成

---

① 《关于新形势下党内政治生活的若干准则》，人民出版社，2016年，第34页。

的反复谈，一次解决不了的抓住关键要素再解决；谈心谈话应当因人而异、因时而异、因事而异，注重增强针对性和实效性，采取不同的谈心方法。谈心谈话要经常性地进行、坦诚相见，不仅在班子成员之间、党员之间，也要在班子成员与党员之间，相互交流思想、交换意见，把问题谈开、把道理谈透、把思想谈通。领导干部要带头谈，也要接受党员、干部约谈，在谈话中了解切实个人需求，及时向党组织反馈，依规向党组织请示。

坚持民主评议党员制度，不仅有助于党员队伍思想觉悟的提升，也有助于保持党的先进性和纯洁性。各级党组织要坚持每年举办民主评议，自觉遵循党章规定、重温入党誓词、牢记初心使命、强化党性修养，夯实理论基础、严明政治理念、提升责任意识。当觉察到党员党纪薄弱、党性缺失时，要根据问题适时进行批评指正、制定整改措施、明确整改期限。若存在教育引导后仍无明显改观的情况，应当劝其退党。推进民主评议党员制度，也可以加强评议结果的运用，在党员评优竞先、绩效考核、提拔任用时作为考察观测点之一，确保"评出公正、评出压力、评出动力"。

坚持请示报告制度，不仅有利于加强对党员领导干部的管理监督和党风廉政建设，也有利于增强各级党组织的组织性、强化广大党员的组织意识和纪律观念。党的十八大以来，中央反复强调各级领导班子要切实落实请示报告制度。习近平总书记特别指出："作为干部特别是领导干部，在涉及重大问题、重要事项时按规定向组织请示报告，这是必须遵守的规矩，也是检验一名干部合格不合格的试金石。"[①] 党员领导干部在工作中要把组织观念和纪律意识放在首位，必须按时、按规定、按程序地如实向党组织请示报告工作中的重大问题、生活中的重大变化和个人有关事项。相关管理部门在抽查核实个人有关事项报告时要加大力度，对于无正当理由未按时报告的、未如实报告的或者隐瞒不报的，都要依规处置。

开展严格的党的组织生活，有利于增强党员认同、强化政治的理念、提升党性修养，有利于落实群众路线，发扬党内民主，加强党和群众间的血肉联系，有利于形成民主与集中并存、自由与规范兼得、个人与集体共存的欣欣向荣的政治氛围。

[①] 中共中央文献研究室编：《十八大以来重要文献选编（上）》，中央文献出版社，2014年，第767页。

三、创新基层组织生活方式

习近平总书记强调："在党内生活方面，一个是坚持，一个是加强，一个是创新。一定要创新，不创新，那形式也巩固不住。"① 这就要求党组织既要坚持继承传统，又要学会守正创新，既要坚持恪守底线，又要学会审时度势，才能在规范党的组织生活的同时，提升凝聚力和号召力。面对国内外环境形势复杂的新时代，党的组织生活也面临着许多新的挑战与机遇，提出了新的内涵与要求。要增强组织生活的针对性、实效性以及时代性，就是要不断完善组织生活，自觉地联系党员、扎根现实、务实工作，如此才能更好地贯彻落实制度治党、依规治党。

丰富内涵，创新组织生活内容。适应新时代发展，增加新知识、新理论、新要求的教育内容学习和传播，及时掌握党的最新理论成果，建立健全、动态更新基层党组织生活资源库，将理论学习与党和国家大事、重大纪念日以及国内外时事热点相结合，深入学习党的科学理论与时代精神，提高党员政治理论。深入研究挖掘专业文化、学科内涵中所蕴含的社会主义核心价值观，坚持与中华优秀传统文化、革命文化、社会主义先进文化相统一，在提升业务能力的同时，增强党员文化自信。根据师生成长发展中不同的行为特点和成才需要，以解决实际问题、解决发展瓶颈、化解矛盾隐患为导向，有针对性地设计组织生活内容，提升党员党性修养。

改进手段，创新组织生活机制。创新开展以共同兴趣爱好为标准的党小组"重建"，鼓励各党小组根据党支部确定的组织生活主题，开展思想健康、内容丰富、形式多样的小组特色活动，可以更好地实现党员在组织生活中的互融互促、协同共进。创新开展基层共建党支部的组织生活，鼓励不同年级、不同学科、不同部门单位党支部共建，鼓励学生党支部与教师党支部和社区、农村、企业等校外党支部共建，丰富教学、科研和组织生活资源，谋求支部间的交流合作和优势互补，不断拓宽新型组织生活渠道。创新高校基层党支部的网格化管理，主动学习地方政府科学有效的网格化管理经验，研究制定高校网格化服务管理的工作流程与质量标准，指导开发网格化服务管理平台；切实提升高校党员服务管理水平，大力构建校内多部门协同机制，加大跨部门资源整合力

---

① 中共中央党史和文献研究院编：《习近平关于依规治党论述摘编》，中央文献出版社，2022年，第143页。

度，极大地发挥网格化管理的优势和效能，实现管理信息系统的共建共享；建设一支具有政治自觉、信息素质、心理常识、服务意识等的网格员队伍，切实发挥各级网格员的主体作用，努力形成"统一指挥、分级负责、协调运转、责任落实、反应快速"的网格化管理格局，不断提升高校网格化服务管理的精准化与智能化。

多点发力，创新组织生活载体。搭建实践服务活动平台，将组织生活开在红色教育基地中、开在社区志愿机构中、开在乡村教育帮扶中，促使党员在社会实践中受教育、长才干、做贡献，培养为人民服务的宗旨意识与奉献意识，切实增强群众工作本领。搭建信息化互动交流平台，运用"互联网+"技术推动组织生活"新起来"，综合运用QQ群、微信公众号、微博等新媒体平台，实现支部管理信息、马克思主义经典著作、党的重要文献等的上传下达，探索开展网上党日活动，开辟支部网上学习、网上交流平台，有效打破党支部组织生活的时空限制，实现学习教育立体化全覆盖。搭建项目化专业特色提升平台，注重发挥支部党员的优势特长，将学科性强的专业知识和理论性强的政治知识相结合，融入党的主题教育活动中，形成专业实践和政治理论互融互促的良好局面，使党支部组织生活成为高校党性锤炼、品质磨炼、业务锻炼的重要综合平台。

第三节　创新基层党建工作机制

一、健全领导班子建设，开辟党政融合新格局

加强班子队伍建设是创新高校基层党建工作、建设坚强有力的党组织的核心要素。坚持和加强党对高校教育事业的全面领导，关键要落实落细做到位，在办学治校过程中练就扎实的党建工作基本功，在学校各项工作中全面贯彻新时代党的教育方针。高校党组织要深入贯彻执行党委领导下的校长负责制，进一步明确党委职责，坚持和健全民主集中制，充分发挥党委议大事、谋全局作用，明晰党委常委会和校长办公会职责分工、议事决策范围和程序，各级党委要把教育改革发展纳入议事日程，坚持科学决策、民主决策、依法决策，不断提高会议质量和效率。

优化班子配备，增强整体功能，是实现党对教育事业全面领导的重要基础。党政主要负责同志要熟悉教育、关心教育、研究教育，着力推进新时代高校治理体系和治理能力现代化，落实"一把手"抓全局、负总责，班子其他成员抓具体、自负其责，各司其职而又紧密合作，凝聚共识形成班子合力，增强全面深化改革的思想定力，坚决筑牢高等教育为广大群众服务、为党的执政建设服务、为中国特色社会主义制度发展服务、为改革开放和社会主义现代化国家新征程服务的思想信条。高校党组织要通过建立健全党对重大工作的领导体制机制，切实强化党组织的领导作用，彰显党的职能部门优势，科学化系统化组建党政机构，有效推进纪检监察体制改革。

优化组织机构，加强队伍建设，是实现党对教育事业全面领导的有效途径。高校党组织要坚持以政治标准为第一选人用人标准，要注重考察干部的驾驭全局能力、打造队伍能力、化解风险能力，以及民主作风意识、责任担当意识、廉洁自律意识。坚持优化队伍年龄结构，做好老中青相结合的梯次配备，大力发现培养选拔优秀年轻干部，特别是高层次专业人才，健全优秀年轻干部选育管用的全链条机制。坚持改善班子专业结构，要根据不同岗位干部的职责任务，注意选配具有专业能力和敬业精神的干部，使班子队伍形成搭配合理、优势互补的专业结构。坚持加大领导干部交流力度，注重丰富来源经历结构，树立重基层、重实践的用人导向，拓宽选人用人视野。

思想政治工作是高校各项工作的生命线，高校党组织必须坚决落实新时代立德树人根本任务，躬耕力行，久久为功。新时代思想政治教育工作面临着更复杂、更敏感的社会大环境，绝不是单纯的、线性的、简单的工作，而应该是全员、全过程、全方位的，无处不在、无时不在的，滴灌式、浸润式、体验式的。要精心培养组织一支讲政治、重公道、业务精、作风好的思想政治工作队伍和党务干部工作队伍，把思想引领和党性教育做在日常、做到个人、做出成效，把加强党对教育工作的全面领导落到实处、落到细处、落到深处，从而使办好高等教育也获得根本保证。

二、创新组织工作方式，开拓"智慧党建"新模式

目前，高校日常教学和生活正受到信息化发展和互联网普及的影响，高校党组织要充分剖析互联网技术、信息化发展对于创新基层党建工作的切实助力。积极寻求创新性的党建工作方法，充分运用"互联网＋党建"这一模式，通过大数据分析，及时把握师生的思想动向、科研需要、兴趣爱好，着力构建

线上线下互融互促的"智慧党建"生态圈,不断为师生参与党建工作创造良好的条件。

充分应用新媒体技术是牢牢把握高校思想政治工作主动权,开拓"智慧党建"新模式、提升党建工作质量的现实需要。高等教育的根本任务是立德树人,在经济社会快速发展的今天,在信息科技高度发达的当下,在文化价值多元冲击的时代,高校要时刻增强责任意识和警惕意识,通过新媒体建设形成覆盖各级党委的纵向学习体系,充分运用新媒体及时、广泛、生动、形象、亲近的传播优势,实现思想政治教育工作的融入式、嵌入式、浸入式发展。高校党组织要坚持做到思想政治教育在各类媒体、平台的全覆盖,将达成立德树人目标同实现共产主义远大理想和中国特色社会主义共同理想有机结合,培养出优秀的新征程奋斗者和可靠的社会主义接班人。

深入研究新媒体技术是牢牢把握高校意识形态工作主动权,开拓"智慧党建"新模式、优化党建工作效率的可行途径。高校党委宣传部门要积极攻克新媒体落地建设工作,与兄弟高校就健全新媒体管理制度进行深入沟通,汲取优秀成果,增强网络宣传教育品牌的号召力和感染力。要深入剖析新媒体运行的现实规律,主动辨析基层党建工作中存在的现实困境,并因事制宜进行整改,充分发挥新媒体在高校基层党建中的媒介效用。要提高内容可读性,通过时政要闻、理论解读、价值引领、心理关注、成长解惑、校园热点等板块,增强党建新媒体的话语关注力和文化影响力。要加强队伍建设,注重引导宣传思想工作队伍培养互联网思维,根据工作需要设立独立运行机构,配备专门的工作人员,同时积极吸纳学生党员干部参与运行维护。要进行有效的监督管理,加强党委宣传部门对学校各类组织、社团运营的网站、公众号、抖音的监督,持续性展开意识形态安全检查工作,准确把握高校新媒体的运行情况。

运用平台化管理是创新高校党员教育管理方式,开拓"智慧党建"新模式、提升党建工作质量的现实保障。高校通过开发软件、小程序、APP应用,可以极大地丰富党员教育资源与形式,打破时空的限制,增强党员管理维度和可靠性,创新解决传统党员教育管理中的重点难点问题,降低党员信息常规统计方式所带来的复杂性和误差性,实现党员教育管理的网络化、信息化。高校通过信息化分析,也可以精准地把握师生的思想动态、科研需要、价值观念,强化思想政治教育工作的针对性和实效性,实现党建责任履职情况一目了然,党建工作落实情况一目了然,党建对业务贡献度一目了然,党组织活跃度一目了然,党员发展程度一目了然。科学构建"智慧党建"新生态,对高校业务发展、人才培养、队伍建设的引领作用更加具象可观。

三、建构新时代组织形态，开启"党团联动"新发展

中国共产主义青年团是在中国共产党领导下，为了联系与组织广大青年而成立的政治组织，特别是高校作为知识青年聚集之处，也是青年思想最活跃的场所。从党的建设角度来看，强化高校共青团的建设始终发挥着意义深刻的战略作用。此外，伴随着不断走向深入的高等教育改革，特别是正式实行学分制以来，大学生的生活形态正发生着变迁，他们在学业选择上更自由多样的同时，班级的生活共同体功能也逐渐被弱化，取而代之，学生社团正慢慢发挥着重要作用。因此，在高校的思想政治建设中，党建带团建不仅仅是共青团发展的时代呼唤，更是坚持和加强党的全面领导的现实需要。

在新时代、新经济、新常态的背景下，高校共青团组织形态已经越来越无法适应新的发展要求，共青团工作正面临着创新压力，亟需破解发展阻碍。《中国共产主义青年团章程》规定："中国共产主义青年团中央委员会受中国共产党中央委员会领导，团的地方组织和基层组织受同级党的委员会领导，同时受团的上级组织领导。"[1] 这说明共青团受到上级团组织和同级党组织的双重领导。在工作实际中，尽管共青团主要是受同级党组织的领导，但在业务层面上却主要听取上级团组织的指导意见，而高校共青团的组织建设又更大程度上依赖于同级党组织的支撑。这也表明，中国共产党领导着各类青年组织发展，而共青团实际上只负责指导这一类官方的、作为群众团体的青年组织。此外，高校共青团配置资源的能力相对有限，在推进自身体制改革时，如果不能有效沟通协调各职能部门间的资源配置，就将面临"行动困境"，从而影响改革进程。在这种党团关系下，当前高校团组织普遍存在着自身建设不足、自主建设能力受限的普遍现象。因此，只有积极构建新型"党团联动"组织形态，突出以党建促进团建发展的重要性，才能不断焕发基层团组织活力，促进高校共青团完成内部建设与改革创新任务。

思想共建是推动党建带团建的基础。高校党组织要加强对团组织的政治领导，牢牢把握团组织的政治方向，确保团组织在思想上、政治上、行动上同党保持高度一致，注重发挥社会主义核心价值观的引领作用，用好"青马工程"等大学生思想政治教育切入口，统筹配置"党校-团校"培训教育体系，形成在思想政治工作上的党团联动合力。组织共建是推动党建带团建的关键。高校

---

[1]《中国共产主义青年团章程》，人民出版社，2018年，第10页。

党组织要将团的组织建设作为党的组织建设的重要组成，统一纳入党的建设总体布局中，做到党组织建在哪里，团组织就建在哪里，着力实现党、团组织建设同步化；根据党章规定，在校团委、学生会等团学组织中建立学生党支部，有利于密切与党组织的联系，共同培养与发展优秀学生骨干。队伍共建是推动党建带团建的保障。师生党员以先锋模范作用引领青年团员的思想成长，进一步强化团员身份意识，党组织可以将优秀团干部纳入入党培养规划中，落实对团干部的双重管理，加强团干部的综合能力与作风建设。阵地共建是推动党建带团建的渠道。基于团学组织的素质拓展活动，大力融入思政教育元素；注重整合场地资源、教育资源、社会实践资源、"第二课堂"资源，促进党团组织共同参与、共同实施。

四、丰富校园文化内涵，开创基层党建新品牌

高校是培养专业人才的摇篮，是文化传承的平台，在岁月的迭代、知识的积淀、内涵的升华中，逐步形成了学校发展的灵魂——校园文化，其也代表着学校发展的"软实力"，发挥着教育人、引导人和塑造人的功能，对于培养德才兼备的社会主义建设者具有重要意义。作为社会主义大学，坚持党对教育事业的全面领导是最显著的特征，牢牢把握意识形态阵地，加强基层党建工作是校园文化建设的政治保障。而校园文化的传承性、渗透性、互动性则为基层党建注入新活力，有助于弘扬党的作风、巩固党的领导、夯实党的基础。但在经济全球化、文化多元化、"万物互联"的当今时代，高校党建与校园文化建设在迎来新发展机遇的同时，也面临着多重因素作用下的冲击与挑战。面对校园文化主导功能弱化、价值冲突加剧、大学生文化取向庸俗化等诸多现实困境，亟须将高校党建与校园文化有机结合。挖掘校园文化建设中思政元素与内涵，打造基层党建品牌活动，大力营造和谐校园氛围，才能不断提升高校基层党组织的自我革新力。

加强思想引领，发挥党建的政治优势。高校党组织应在办学治校和教书育人全过程中有机融入社会主义核心价值体系，建立日常化校史校况、校园文化创新机制，将办学理念内化于文化创新进程，坚持以学科建设支撑文化传承，同时凝练中华优秀传统文化、革命文化和社会主义先进文化内涵，并与校园文化建设高度融合起来，强调建设廉洁文化、弘扬办学思想、推动"三风"建设。高校党组织站在学校总体规划与长远发展的高度上，始终将校园文化建设纳入战略发展与深化改革的蓝图中，为高校校园文化建设繁荣发展定下扎实的

总基调。

加强组织保障，突出党建的制度优势。高校党组织要坚持贯彻落实《中国共产党普通高等学校基层党组织工作条例》，推进平安校园、法治校园、文明校园、民主校园建设，充分焕发校园文化的生机。落实"民主、公开、竞争、择优"原则，提高干部选拔过程中的群众参与度和良性竞争度，增强选人用人过程的透明度，为营造风清气正的校园政治生态奠定组织基础。不断建立健全大学章程，创新制定和改革管理体制，实现基层党组织的全覆盖，增强基层党组织的引领力、凝聚力、统筹力、战斗力，激发组织活力。坚持和健全民主集中制，畅通民主监督与反馈渠道，积极收集整理广大师生职工的教育主张和发展意愿，更好地发挥出"主人翁"的积极性、主动性和创造性。

加强队伍整合，凝聚党建的合力共识。高校党组织要建立起全员育人的长效机制，充分发挥思想政治工作队伍、党务工作队伍以及师生党员在文化建设中的引领示范作用，切实增强校园文化建设的针对性、实效性、吸引力和感染力。坚持以创先争优活动为抓手，坚持以人为本、以生为本的原则，推进平安校园和温暖校园建设，努力使师生的幸福指数与学校发展同步提升。将文化育人融入学校课程思政、学科建设、师资建设等具体环节，依托网络、实践、服务、心理、资助等载体汇集全员育人的"正能量"。

加强品牌创建，激发党建的深层活力。面对多元文化相互融合发展的趋势，高校党组织要贯彻习近平新时代中国特色社会主义思想，通过精心设计、传承经典、抵制低俗、弘扬主流，创建出更多高品质、高品位、高品格的校园文化品牌，培育并提升青年学生的政治鉴别力、价值判断力、文化辨别力。大力开展"高雅艺术进校园""企业文化进校园"等公益事业，构建科研竞赛、社会实践、公共服务、创新创业等文化品牌，展现办学特色，彰显校园特色，让校园文化建设更有思想、有筋骨、有温度。

五、用好基层实践载体，开展参与区域化党建

区域化党建是当前社会提高基层治理、创新基层党建的有效手段。2004年，中共中央组织部围绕街道社区党建工作，经过多次会议讨论，首次提出构建"区域性大党建"设想。至今，在全国社区党组织体系建成的基础上，各级党组织已进行了多年的城市基层区域化党建探索，并逐步明确了基本内容，形成了多种模式。但相比我国的社会结构变迁、经济体制转型、社会管理制度改革的进程，区域化党建仍需不断深入研究，认真分析既有模式与核心目标之间

的差距，才能深刻认识当前困境和根源，实现区域化党建的全面发展、"百花齐放"。

区域化党建实际上是把区域发展理论、系统理论和现代管理理论等引入党建工作领域，实质上是社会整合，是党组织对行政、居民区和驻区各类组织进行政治、经济、文化等资源的统筹盘活，实现了社区党建工作从"垂直管理"到"区域整合"的转变，从"条块分割"到"条块结合、以块为主"的转变。注重党建功能的最优化使用，即党组织用最小的成本发挥最大的作用，其核心目标主要有两个：一是降低党组织运行的成本，二是最大限度地发挥党组织的作用。

高校的基础职能包含人才培养、科学研究、社会服务、文化传承创新和国际交流合作。因此，高校在参与区域化党建中具有良好的组织基础、制度保障、文化塑造等优势条件和内外双向动力支持。从内向动力来看，高校参与区域化党建一是能有效增进与驻地党组织的良性互动关系，为和谐发展取得组织保证；二是能有效提升党组织内部建设效果，运用现实调研激发师生群体服务社会主义、担当民族复兴、助力党的长期执政的价值属性；三是能有效促进师生学思结合、知行合一，发现并致力于解决"真问题"；四是能有效搭建相对稳定的高校服务社会平台。从外向动力来看，高校参与区域化党建的意愿大多来源于所在区域党组织有效开展多级需求联动与各类资源整合，实现"1+1>2"的良效的需要；另外，高校参与区域化党建是推进全面从严治党向纵深发展的工作要求，有助于实现推进社会治理、政治稳定的长期目标。

高校参与区域化党建可以从以下四个方面思考切入：一是用思想建设推进区域化党建工作，加强顶层设计，运用党校集中教学、党政干部培训等形式，提高党政干部对区域化党建工作的认识和重视；推行区域化党员一体式教育管理模式，增强区域党组织之间的沟通联系与合作互动，多渠道畅通党员思想政治教育，共建新媒体平台、网络教育平台，鼓励党员积极参与区域化党建工作。二是用组织建设保障区域化党建工作，构建多层级的区域化党建共同体，一体化设置组织机构，实行"党委共建制""支部共建制"，共同开展党内组织工作与政治生活。三是用人才建设支撑区域化党建工作，发挥高校专业特色、智库优势，结合地方治理项目的需求，在师资培训、专家学者、人才管理等方面，整合力量、统筹配置，健全人事交流制度。四是用资源建设拓展区域化党建工作，运用信息化手段搭建区域化党建共享平台，实现基础设施、体育设施、教育场所、活动场所、图书管理等方面的互相开放，建立长期稳定的社会实践项目。

六、科学完善考核体系，开阔质量提升新思路

在全面从严治党背景下，推进高校基层党建考核制度化科学化，有助于强化高校党委主体责任担当，有助于促进高校党建工作落实，有助于提升高校党建科学化水平，有助于提升高等教育质量、落实立德树人根本任务。在充分发挥各级党组织的政治核心作用、党支部的战斗堡垒作用以及党员的先锋模范作用，为高校全面深化改革提供坚强的组织保证，建立和完善高校党建工作考核办法方面具有十分重要的现实意义。

高校党建工作考核评价体系应遵循党纪党规，如《中华人民共和国高等教育法》《中国共产党普通高等学校基层党组织工作条例》等法律及规章条例的基本要求，坚持实事求是、公开公平，坚持"以评促建、以评促改、以评促发展"的原则，实行日常考核、年度考核与专项考核相结合，实行领导班子与班子成员考核相结合，实行组织考核、交叉互评与群众评价相结合，定量与定性相结合，重点工作与创新工作评价相结合，构建导向鲜明、主体清晰、责任分明、标准严格的考核机制。

考核体系要鲜明党建责任清单，构建从严治党体系。高校党建评价维度可以从党的建设六大层面确立，即强调政治建设、思想建设、组织建设、作风建设、纪律建设、制度建设，进而按"大党建"思路范畴分为十大板块：领导班子建设情况、干部队伍建设情况、基层组织建设情况、党员教育管理情况、思想建设情况、党风廉政建设情况、统一战线工作情况、综合治理工作情况、工会工作情况、特色工作情况。再将每一板块根据工作实际逐步细化，形成系统完整、量化可行的评价体系。基层党委对照考核内容要点进行自查工作，并准备考评内容支撑材料，备考核组检查。

考核体系要加强日常检查，强调抓在日常、严在经常，注重工作落实情况。考核工作小组可以通过现场查阅党建工作相关资料、座谈、个别谈话征求意见、发放师生问卷测评等方式，构建党建工作与业务工作的枢纽、解决重点工作与难点工作的现实困境，开展常态化检查、随机性抽查、系统性普查和精准性督查，明确调研督导目标，锤炼打基础、稳基层、夯基石的责任链条，全力完善多维度、多参与、多主体的督察机制，稳步落实全面从严治党的各项职能。

考核体系要统筹组织年终党建述职，强调公开透明传导压力。突出问题导向，在考核过程中重点抓好述职、问询、点评三个环节，现场述职直指存在问

题，一针见血，直击痛处，确保问题真抓实改。创新评议形式，用好新媒体新技术，例如以视频会议等形式进行考核，主会场和分会场评委共同参与打分评价，丰富群众参与监督方式方法。科学计量考分，为了让不同群体的声音想法得到客观反映，党建考核分数可以由评委评议分和工作特色分相加而得，鼓励各级党组织创新方式方法来提升党建工作质量，综合全面反映履职情况。

综上所述，考核结果将根据自评、日常、述职三项成绩按比例折合计算。高校党组织要注重考核结果的运用，提出限期整改与约谈整改的要求，进一步健全完善高校基层党组织考评工作制度，为提高自我革新力做好制度保障。

主要参考文献

安钰峰，2022. 办好中国特色世界一流大学的根本遵循——学习习近平总书记考察中国人民大学时的重要讲话［J］. 学校党建与思想教育（15）：1-4.

巴图，2021. 全面贯彻新时代人才工作新理念新战略新举措［J］. 中国高等教育（22）：11-13.

卞爱美，2019. 新时代基层党组织组织力提升［M］. 北京：中共党史出版社.

陈登源，2020. 严肃党内政治生活：推进党的自我革命的重要经验［J］. 喀什大学学报，41（1）：14-18.

陈家刚，2021. 坚持自我革命 锻造长期执政的马克思主义政党［J］. 教学与研究（12）：21-25.

陈永明，2019. 新时代高校基层党组织组织力研究［D］. 广州：华南理工大学.

楚国清，2022. 学习习近平总书记重要讲话精神做好新时代高校青年工作［J］. 北京教育（德育）（5）：4-6.

崔恒良，蔡金红，陈元邦，2019. 论新时代高校党支部规范化建设［J］. 中共云南省委党校学报，20（2）：91-95.

董兆伟，2022. 让高校始终成为坚持党的领导的坚强阵地［J］. 共产党员（河北）（1）：28-29.

冯刚，彭庆红，佘双好，白显良，2021. 新时代高校思想政治教育学原理［M］. 北京：人民出版社.

冯秋婷，2021. 理论教育与领导干部政治能力提升［J］. 沂蒙干部学院学报（2）：112-120.

郭方，魏雪晨，2021. 新时代高校党组织组织力提升的意义及路径［J］. 华中师范大学学报（人文社会科学版），60（4）：25-32.

郭为禄，2021. 党建引领视域下大学治理现代化实践路径探析［J］. 国家教育行政学院学报（10）：9-18.

胡玉宁，王玉平，2021. 高校党组织在时代新人培育中的功能与作用［J］. 高校辅导员学刊，13（4）：15－19.

贾立平，祝大勇，2022. 抓好"双带头人"培育　推进高校基层党组织建设［J］. 共产党员（河北）（2）：36－37.

李力，2019. 新时代高校立德树人协同策略研究［D］. 长春：东北师范大学.

李小年，2021. 大学内部治理的四个自觉［J］. 中国高等教育（20）：42－44.

李忠军，杨科，2022. 马克思恩格斯组织思想的方法论内涵探析［J］. 中国高校社会科学（3）：43－54＋158.

刘有军，冷泠，2021. 高校治理体系和治理能力现代化视域下教代会改革创新：理论逻辑与实践指向［J］. 中国劳动关系学院学报，35（1）：104－113.

毛泽东，1991. 毛泽东选集：第1卷［M］. 北京：人民出版社.

毛泽东，1991. 毛泽东选集：第2卷［M］. 北京：人民出版社.

毛泽东，1991. 毛泽东选集：第3卷［M］. 北京：人民出版社.

毛泽东，1991. 毛泽东选集：第4卷［M］. 北京：人民出版社.

齐卫平，2021. 中国共产党组织建设百年历史实践纵论［J］. 行政论坛，28（2）：19－27.

任初轩，2021. 如何提高"政治三力"［M］. 北京：人民日报出版社.

尚明瑞，2021. 高校思想政治教育集成创新研究［D］. 兰州：兰州大学.

苏炜，2020. 增强高校基层党组织活力的几点思考［J］. 中州大学学报，37（1）：93－96.

童世骏，2019. 建设社会主义教育强国研究［M］. 北京：人民出版社.

王法警，2019. 中国共产党基层组织的组织力研究［D］. 北京：中共中央党校.

王鸿铭，2021. 论党的政治建设与国家治理能力的提升［J］. 社会主义研究（6）：93－100.

王建南，梁晓婉，2021. 办好学校思政课要纠正几种错误思想和不良倾向［J］. 理论与评论（6）：33－41.

王学俭，石岩，2020. 新时代课程思政的内涵、特点、难点及应对策略［J］. 新疆师范大学学报（哲学社会科学版），41（2）：50－58.

王子蕲，2020. 高校参与城市区域化党建意愿发生逻辑与提升［J］. 江西师范大学学报（哲学社会科学版），53（1）：40－45.

魏俞满，2021. 提升新时代高校组织育人功能的实现路径［J］. 集美大学学报

(教育科学版),22(6):7-12.

魏志奇,2020. 增强党的社会号召力探析[J]. 中国特色社会主义研究(3):103-110.

文凡,2020. 高校组织育人质量提升研究[D]. 武汉:华中师范大学.

习近平,2014. 习近平谈治国理政[M]. 北京:外文出版社.

习近平,2017. 习近平谈治国理政:第2卷[M]. 北京:外文出版社.

习近平,2020. 习近平谈治国理政:第3卷[M]. 北京:外文出版社.

习近平,2022. 习近平谈治国理政:第4卷[M]. 北京:外文出版社.

习近平,2023. 习近平著作选读:第1卷[M]. 北京:人民出版社.

习近平,2023. 习近平著作选读:第2卷[M]. 北京:人民出版社.

辛向阳,2021. 继续成功的根本在于坚持党的领导[J]. 中国纪检监察(23):7-9.

熊飞,2020. 立德树人视域下高校党建与校园文化融合发展[J]. 特区实践与理论(3):125-128.

姚军伟,2021. 加强党对大学学术组织领导的基本途径[J]. 北京印刷学院学报,29(12):108-112.

于德,2019. 习近平精准扶贫思想研究[D]. 北京:中共中央党校.

臧小林,周廷勇,2021. 高校用习近平新时代中国特色社会主义思想铸魂育人的四重维度[J]. 重庆大学学报(社会科学版),27(6):250-261.

翟博,2021. 党的教育方针百年演进及其思想光辉[J]. 人民教育(6):6-12.

张竑,2022. 把握新时代人才工作的根本遵循[J]. 奋斗(1):18-19.

张云莲,王海云,2021. 高校思想政治理论课肩负着维护国家意识形态安全的重要使命[J]. 高校马克思主义理论研究,7(3):148-155.

张志明,2022. 习近平关于党的建设重要论述对马克思主义执政党建设理论的原创性贡献[J]. 宁夏党校学报,24(3):5-14+2.

郑琦,陶周颖,2020. 提升基层党组织组织力的内在逻辑及实践路径[J]. 马克思主义研究(1):107-114.

中共中央办公厅法规局,2024. 中国共产党党内法规选编:2017—2022[M]. 北京:法律出版社.

中共中央党史和文献研究院,中央档案馆,2022. 中国共产党重要文献汇编[M]. 北京:人民出版社.

中共中央党校(国家行政学院)党建部,2019. 基层党组织如何提升组织力

［M］．北京：人民出版社．

中共中央马克思恩格斯列宁斯大林著作编译局，2018．共产党宣言［M］．北京：人民出版社．

中国共产党历次党章汇编编委会，2023．中国共产党历次党章汇编：1921—2022［M］．北京：中国方正出版社．

中国纪检监察报社评论部，2019．党的十九大以来全面从严治党新观察［M］．北京：人民出版社．

周敏，2021．习近平总书记关于立德树人的重要论述研究［D］．南京：南京师范大学．

朱忆天，李莉，2022．习近平立德树人重要论述的生成逻辑、核心意蕴与践行路径［J］．河南师范大学学报（哲学社会科学版），49（3）：17－23．

后 记

在新时代背景下,高校党建工作不仅关系到高校的高质量发展,更是国家人才培养体系的重要组成部分。本书旨在对高校基层党组织组织力提升的理论与实践进行全面的梳理和思考,希望能为当前和未来的高校党建工作提供一定的参考和指导。

本书由张凤老师提出策划、确定提纲并最终统稿。张凤、冷帅、刘泰越、罗昌龙老师共同参与完成了初稿撰写。西南石油大学硕士研究生陈静思、游欢、黄语楠、陈霞、舒文静也参与了部分工作。在撰写过程中,我们深刻感受到了高校党建工作的复杂性和挑战性。通过与广大党建工作者和学者的深入交流,我们更加确信,只有不断探索和创新,才能适应新时代的要求,推动高校基层党组织组织力全面提升。

在此,我们对所有支持和参与本书编写的个人和单位表示衷心的感谢。本书也受到教育部示范马克思主义学院和优秀教学科研团队建设项目"行业类(石油)高校思想政治理论课建设研究"(16JDSZK038)等项目的资助和支持,在此谨致谢忱。同时,我们也清楚,本书仅是一个开始,高校党建工作的道路还很长,还有许多问题需要我们继续探索和解决。我们期待与更多的同仁共同研讨,不断丰富和完善我们的理论和实践,为推动我国高等教育的健康发展作出新的更大贡献。

未来,我们将继续关注和研究高校党建工作面临的新情况、新问题,努力探索更加科学有效的党建工作模式和路径。我们坚信,通过全体党建工作者的共同努力,高校基层党组织组织力一定能够得到进一步提升,为助力教育强国、科教兴国贡献力量。

再次感谢所有给予本书指导的专家、学者和实践者。我们期待本书能够在高校党建领域引起广泛的关注和讨论，激发更多的创新思考和实践尝试，以共同推动我国高等教育事业的持续发展和繁荣。

著　者

2024 年 7 月